高齢者介護福祉従事者のストレスマネジメント

支援者支援の観点にもとづく
対人援助職の離職防止とキャリア形成

松田美智子
南　彩子
北垣智基　著

Michiko Matsuda
Ayako Minami
Tomoki Kitagaki

Stress Management

まえがき

　日本の少子高齢化は当面とどまる兆しがなく、高齢者の介護問題は深刻である。かつては血縁や地縁を基盤として対応されてきたが、生活様式や人びとの意識の変化により、高齢者の介護問題は介護の社会化による対応なくして解決しない。2000年4月から介護保険制度が施行されて介護の社会化は一定進展し、2005年からは地域包括ケアシステムの構築が推進されてきた。現在では、高齢者介護福祉現場における人材確保が喫緊の社会的課題となっている。

　マスメディアでも、介護人材不足により新規の介護福祉事業を立ち上げられないと報道されることがしばしばある。また、2018年からは地域支援事業における日常生活支援総合事業が本格的に導入されているが、事業の支え手の課題が大きい。少子高齢化の進行により労働力人口そのものが減少し、全国各地の介護関連事業所では、一人の求職者に対し複数の事業所での人材の争奪戦が繰り広げられている。

　政府でも人材確保に向けた政策的対応が議論されているが、制度面からの介護人材整備に加えて、介護人材サポート対策や具体的な支援者支援についての検討は進展していない。

　筆者らは2015年から2018年にかけて、「平成27年度天理大学学術・研究・教育活動助成」および「平成28～30年度科学研究費補助金基盤研究C課題番号16k04234」による研究助成を受け、高齢者介護福祉施設や事業所の協力を得て、介護職員や相談員・看護師ら対人援助職の離職を防止し、キャリア形成を促進するための具体策について、『支援ツールの作成』を目的に調査研究を進めてきた。

　高齢者介護福祉施設で従事する対人援助職は、ソーシャルワークの援助技術を駆使しながら、対象者をその生活歴も含めて深く理解し、対象者の生活環境の調整と各種の社会資源を活用し、関連する多職種と連携しつつ対象者の自立生活を支援する。その際、対象者やその家族・関連職種とのコミュニ

ケーションなくして援助関係は成立しない。真摯に人と向き合おうとする援助者ほど共感的に相手を理解しようとするあまり、自身の感情が疲弊しバーンアウト（燃え尽き症候群）に至りやすいという対人援助職分野での先行研究は数多くある。しかしながら、バーンアウトの原因や要因を特定する調査研究に終始している感が強い。

　本書では、これまでの筆者らの研究成果をふまえて、援助者らの自己犠牲にとどまることなく職場環境でのストレスを低減させ、レジリエンスを増進させることで援助者のメンタルヘルスを適正に保って離職を防止し、そのキャリア形成を促進させるための具体的方策について得た知見を紹介する。全体の概観は表0-1に示す。

　まずは予備的調査により得られた仮説や国内での先行研究の文献レビューをもとに、高齢者介護福祉分野で従事する対人援助職のストレス・レジリエンスセルフチェックシートを作成した。折々の自己のメンタルヘルスの状況をセルフチェックし、状況改善のための支援ツールという具体策についても作成した。

　筆者らの一念は、高齢者介護福祉現場で従事する対人援助職者の役に立つ研究成果を公表することにある。また、介護人材のメンタルヘルスが適正に保たれ、キャリア形成が進むことにより介護サービスを利用する人びとへ質の高いケアや介護サービスを還元することにつながると考える。

　第1章では、高齢者介護福祉現場の実情について述べる。超高齢化の伸展が終息しない現状では、高齢者介護福祉分野で多くの介護労働者や対人援助職者が必要とされる。しかし、少子化に伴う労働力人口の減少や当該分野に対する労働条件の整備をはじめとする社会的承認は不十分で、多くの退職者が存在する。求人してもよい人材が得られにくい現状がある。

　職員の定着率が低く人材が育たないと、職場環境には悪循環が生じる。対人援助職者はいっそう疲弊し、質の高いケアの提供ができず高齢者虐待事件も発生している。対人援助職者のキャリアが適正に形成されなければ、援助を受ける利用者への大きな不利益となる。人材確保と人財育成のためには、職場環境の整備と対人援助職者のキャリア形成が不可欠である。

表0-1　調査研究の流れ

年度	調査研究の概要	調査結果
2012	家族介護者へのインタビュー調査	家族介護者は十二分にがんばっている 介護サービスに従事する支援者の確保が必要 有償・無償にかかわらず支援者への支援が必要
予備的調査　高齢者介護福祉分野で従事する対人援助職へのインタビュー調査		
2015	介護職員・相談員・看護職へのインタビュー 　感情労働の実態　対処法	高齢者介護福祉施設で従事する対人援助職者は感情労働を行っている 放置すると共感疲労に陥り離職意向が強化する 職場のサポート・自己覚知や自己理解による学びと発見・気分転換の方法が適切に機能すると共感満足（ワーク・エンゲイジメント）に至る
第1ステップ　高齢者介護福祉分野で従事する対人援助職者のストレス・レジリエンス尺度と自己チェックリストの作成		
2016	アンケート調査による探索的因子分析	ストレス要因 　①精神的消耗感　②援助者としての規範意識へのとらわれ　③利用者との対応場面でのストレス　④援助者としての感情管理　⑤心身のストレス反応 レジリエンス要因 　①前向きな気持ちへの切りかえ　②人的サポート　③自己肯定感　④職場のサポート　⑤困難への対処法　を特定 各30項目のストレス・レジリエンス自己チェック表を作成
第2ステップ　高齢者介護福祉分野で従事する対人援助職者の離職防止と支援ツールの作成		
2016	・アンケート調査による自由記述の質的分析 　離職意向の有無 　離職しようと思ったときの状況 　なぜ離職を回避したか 　仕事をしていて楽しいと感じるとき 　性別・年齢・職種別・経験年数に分析 ・訪問介護事業におけるサービス担当責任者のみの現任研修において支援者支援のための演習系研修を実施	離職意向を促進する要因 　①ワーク・ライフ・バランス 　②職場の人間関係 　③仕事への評価 　④利用者との対応場面 離職意向を躊躇させる要因 　①利用者による支え 　②職場の支え 　③仕事から得られた学びややりがい
第3ステップ　支援ツールを使用することの効果検証		
2017	600名にセルフチェックリストを使用 感想についてアンケート調査	チェックリストを使用することでポジティブな面での自己覚知や自己理解が深まった（67%） 調査に対する肯定的な反応（83%）

第2章では、対人援助職の職務遂行に不可欠な感情労働について解説する。対象理解や関係者とのやりとりにおいて、信頼関係の形成とコミュニケーションは欠くことができない。認知障害を有する人も多い利用者理解や利用者とのコミュニケーションにおいては、共感的に理解し受容する態度が求められる。

　多忙な職場環境で援助者らがそのような対応を迫られると、自己の心にストレスが蓄積し、感情が消耗していく果てにバーンアウトや抑うつ状況、離職に至ることもある。感情労働とはいかなるものか、感情労働の概念を構成する用語はもちろん、感情労働による疲弊を回避するのみならずストレスを乗り越えるための回復力であるレジリエンスについても、解説する。

　第3章では、2015年に実施したインタビュー調査で得られた仮説を報告する。高齢者介護福祉施設で従事する対人援助職者には、感情労働の実態が確かにあった。インタビュー調査による発話内容を質的に分析した結果、高齢者介護福祉施設で従事する対人援助職者は、「援助者として」また「職業人として」のストレスを感じつつ感情労働を行っている。

　そのまま放置していると共感疲労が蓄積し離職意向が働くが、「職場の支え」「自己覚知による学びと自己理解」「それぞれの対処法」を上手に駆使することで、自身が体験したストレスを乗り越えワーク・エンゲイジメント（仕事をするうえでの喜びや充足感）に至るという仮説が得られた。この仮説は筆者らの研究を進めるうえで大きなインセンティブ（刺激）となった。

　第4章では、高齢者介護福祉分野で働く対人援助職者の共感疲労やレジリエンス要因を明らかにするために2016年に実施したアンケート調査（量的調査）の、結果の量的分析について報告する。

　探索的因子分析から、5つのストレス要因「精神的消耗感」「援助者としての規範意識へのとらわれ」「利用者との対応場面でのストレス」「援助者としての感情管理」「心身のストレス反応」と、5つのレジリエンス要因「前向きな気持ちへの切りかえ」「人的サポート」「自己肯定感」「職場のサポート」「困難への対処法」が特定された。これらの要因は、筆者らがめざす援助者自身が自己のストレスやレジリエンスについて点検するための支援ツール作成に向けての原動力となった。

第5章では、2016年のアンケート調査のなかで、離職意向の有無とその内容に関する自由記述欄に記入された文言を質的に分析し、離職意向を促進する要因や離職意向を躊躇させる要因とその構造を明らかにした。

　対人援助職者が感情労働から生じるストレス源で離職意向を促進する要因は、「職場内コミュニケーション」「ワーク・ライフ・バランス（WLB）との兼ね合い」「仕事への評価」「利用者との対応」の4点に集約された。一方、離職意向を躊躇させる要因は「利用者による支え」「職場の支えや理解者の存在」「仕事からの学びや発見・自己の成長を実感」の3点に集約された。

　高齢者介護福祉分野で従事する対人援助職者が離職したいと思うのは、介護福祉の仕事そのものによるのではなく、介護福祉の仕事をどのように管理・マネジメントし、組織として対応していくのかが大きく影響するということが明らかになった。また、離職意向を促進あるいは抑制する要因が、離職を思いとどまらせ就労継続やキャリア形成につなげるための対応策の参考になった。

　第6章では、2016年のアンケート調査の自由記述欄に記入された文言を「性別」「年齢」「職種別」「経験年数」の観点からクロス集計し、キャリア形成を促進させるための試案について説明する。

　男性は「仕事への評価」が気になり女性は「ワーク・ライフ・バランス」がうまく取れないと就労を継続させにくい。経験年数5年までの人と15年以上の人は、「利用者からの学びやサポート」が就労継続に大きく影響している。経験年数5年を超えると業務の独り立ちが可能な時期となり、職場における自己の立場や周囲の状況に目が向くようになって、昇任や人事異動に伴う離職意向が台頭する。

　介護職員や看護師は利用者と直接接する機会が多く、業務内容も明確でマニュアル化も比較的容易である。プリセプター制の導入など効果的な新人教育や経験年数別のキャリアパスを明確化することで専門職としての将来像が描かれ、就労継続へのインセンティブが上昇する可能性がある。

　看護師は、病院勤務とは違う高齢者介護福祉領域での職務内容や立場を明確化することで職種間連携が充実する。一方相談員は、事業所あたりの配置数が少なく、同職種による支援体制が薄いことや相談員業務の明確化が課題

であることがわかった。

　第7章では、一連の調査の目的であり、筆者らで作成した『支援者支援（職務ストレス・レジリエンスセルフチェック）ツール』の内容と活用方法について説明する。詳細については天理大学ウェブ上で公開している天理大学リポジトリ（https://opac.tenri-u.ac.jp/opac/repository/metadata/）『支援者支援ツール活用ガイド』を参照されたい。

　現職者は、おかれている時期や状況によってストレスの状況が変化する。自らのストレス状況を知ることで、その回避や低減策を講じることが可能になる。逆に自らのレジリエンスの状況を知ることで、改めてポジティブな面の自己覚知につながり、不安が軽減したり自らの強みを発揮することも可能となる。

　第8章では、筆者らが作成した『職務ストレス・レジリエンスセルフチェックシート』（巻末資料参照）を用いて、実際の高齢者介護福祉施設の対人援助職者に自己点検してもらって感想を得るという調査を行った結果について報告する。ストレス・レジリエンスについて、各項目のスコアを偏差値に置き換えた偏差値換算表（巻末資料参照）も作成した。

　感想を分析すると、セルフチェックすることでポジティブな面での自己認識の促進が67％の人に見られ、83％の人は調査（支援ツール）に対して肯定的な反応を示していた。自己や職場を客観視する機会を設けることで、就労継続へのモチベーションとなり得ることが示唆された。

　第9章では、2012年に実施した家族介護者へのインタビュー調査から得られた示唆と今後の課題について報告する。家族介護者はギリギリまで一生懸命介護している。それゆえ、介護制度の充実と介護サービスに従事する人材の確保が切実に求められる。

　本書では、高齢者介護福祉分野で就労する有償の対人援助職者を対象にして、支援者支援について追究してきたが、高齢化がいっそう進展する社会では、家族や友人・地域住民によるサポート体制がさらに必要とされる。そういった無償の介護支援者のサポートも今後の重要課題の一つである。

　さらに追加の調査研究を重ねて、すべての介護支援者・介護人材のサポートを可能にするための方策について今後考えていきたい。

第10章では、訪問介護事業所に触れる。利用ニーズが高く介護給付でも大きな比率を占める訪問介護事業所には、今後も大きな期待が寄せられている。しかし訪問介護の一部は日常生活支援総合事業へ移行が進められ、介護の専門職者の人員配置が軽減される事業形態が出現し始めている。現行では、訪問介護事業所の管理運営や訪問介護員のサポーターでもあるサービス担当責任者の重責や超多忙さは明白である。

　サービス担当責任者を対象とした現任研修で、支援者支援についての演習系研修会を2016年に開催した。そこで判明したサービス担当責任者固有のストレス構造について得られた知見について報告する。利用ニーズが高く、小規模事業所経営が多い訪問介護事業所で、今後必要とされる支援者支援について考察を深めるための一助としたい。

　なお、本書の執筆にあたっては、以下の初出の論文等に依拠している。
・南彩子『ソーシャルワークにおける共感疲労とレジリエンス』天理大学社会福祉学研究室紀要、第17号、15-23、2015年3月22日
・南彩子『ソーシャルワークにおける危機介入アプローチとレジリエンス』天理大学社会福祉学研究室紀要、第18号、13-25、2016年3月22日
・松田美智子・南彩子『高齢者福祉施設で従事する対人援助職者が共感疲労に陥らないためのサポートシステムの解明』天理大学学報、第68巻、第1号（通巻第243輯）79-105、2016年10月26日
・松田美智子『支援者支援の必要性についての一考察―家族介護者及び要介護当事者からの聞き取り―』天理大学社会福祉学研究室紀要、第18号、95-105、2016年3月22日
・鴻上圭太・松田美智子・磯野博・藤本文朗・畢麗傑『介護職の人材養成に関する今日的課題について』大阪健康福祉短期大学紀要、創発、第15・16号、67-79、2017年3月
・北垣智基・松田美智子・南彩子『高齢者福祉施設における介護人材の共感疲労及びレジリエンス要因の分析』天理大学社会福祉学研究室紀要、第19号、23-34、2017年3月22日
・鴻上圭太・松田美智子『訪問介護事業所におけるサービス担当責任者の就

業上のストレス要因の構造と対策』天理大学社会福祉学研究室紀要、第19号、35-44、2017年3月22日
・松田美智子・南彩子・北垣智基『高齢者介護福祉施設における共感疲労及びレジリエンスの構造―自由記述結果の質的分析より―』天理大学社会福祉学研究室紀要、第20号、13-27、2018年3月22日
・松田美智子・南彩子・北垣智基『高齢者福祉施設における介護人材の共感疲労およびレジリエンスの構造』厚生の指標、9-14、2018年8月号
・北垣智基・松田美智子・南彩子『高齢者介護福祉施設で従事する対人援助職者への支援者支援ツール活用の効果―支援者支援ツール使用者の感想に基づく検証』天理大学社会福祉学研究室紀要、第21号、17-27、2019年3月19日

　また、本書に記したことは高齢者介護福祉分野の関係者の皆様による一連の調査研究へのご協力によって誕生したものである。心から感謝の意を捧げるとともに、得られた知見について皆様にお返しすることが筆者らの本願であり、令和元年度天理大学学術図書出版助成を受けて刊行することが可能となった。天理大学および関係の教職員の皆様のご助言やご支援に心から感謝の意を捧げたい。
　そして、本書の出版に際しては株式会社クリエイツかもがわの田島英二氏、岡田温実氏から多大なアドバイスとサポートをいただいた。お世話になった皆様に心より御礼申し上げる。

　本書は、南彩子元天理大学教授との出会いなくして誕生することはなかった。長年ソーシャルワークを研究教育されてきた南元教授と「平成27年度天理大学学術・研究・教育活動助成」を受けて2015年に行った共同研究により、次のような仮説を得た。
　すなわち、高齢者介護福祉領域で従事する対人援助職者には感情労働の実態があり、放置しておくと共感疲労に陥り離職意向が働くが、適切な支援体制があれば離職意向を低減し職業継続への大きなインセンティブが得られる。対人援助職者は、利用者の生活状況やその家族も含めた生活意識の改善

を自らの仕事への報酬ととらえ、ワーク・エンゲイジメントに至る、との仮説である。

　これを元に、2016年度からは「平成28〜30年度科学研究費補助金基盤研究C課題番号16k04234」の助成を受け、新たに北垣智基講師を共同研究者として迎えた。そして、高齢者介護福祉分野で従事する対人援助職者の感情労働尺度の作成・職務ストレス・レジリエンスセルフチェックシートや支援者支援ツールの作成と、その効果検証といった一連の調査研究に至る。

　南元教授には、専門とされる社会調査の研究手法に関してきめ細やかな助言やご教示をいただいた。北垣講師には調査データの整理分析において表作成の工夫など強力なサポートをいただいた。

　平成31年3月末をもって南教授は天理大学を定年退官された。誠に淋しい限りであるが、平成31年4月からは北垣講師を天理大学に迎え、ともに研究教育に従事することとなった。

　平成から令和へ年号が変わった年に本書を刊行する運びとなったことは、著者にとって望外の喜びである。

令和元年8月12日

　　　　　　　　　　　　　　　　　　　　　　著者を代表して
　　　　　　　　　　　　　　　　　　　　　　　　松田 美智子

Contents

まえがき　3

第1章　高齢者介護福祉現場の実態と課題 ……………（松田美智子）　15

　1-1　私的扶養・保護から介護の社会化へ―介護人材創出の必要性―　15
　1-2　介護保険法施行後の介護人材確保と労働実態　17

第2章　社会福祉労働における感情労働
　　　　―共感疲労とレジリエンス― ………………………………（南　彩子）　20

　2-1　社会福祉労働と感情労働　20
　2-2　感情労働を余儀なくされる高齢者介護福祉労働者への支援　21
　2-3　共感疲労の概念　24
　2-4　共感疲労への対処としてのレジリエンス　25
　2-5　共感疲労から共感満足／ワーク・エンゲイジメントへ　28

第3章　高齢者介護福祉施設従事者の職務ストレスの
　　　　構造 ……………………………………………………………（松田美智子）　33

　3-1　高齢者介護福祉施設従事者には感情労働の実態がある
　　　　そこから派生する共感満足が存在する　33
　3-2　2015年に実施したインタビュー調査の概要　34
　3-3　調査結果　36
　3-4　支援者支援への具体的対応策と研究課題　51

第4章　高齢者介護福祉施設における介護人材の共感疲労
　　　　およびレジリエンス要因の分析
　　　　―量的データの因子分析結果より― ………………………（北垣智基）　56

　4-1　共感疲労・レジリエンスの因子特定　56
　4-2　2016年に実施したアンケート調査の概要　57

4-3　調査の結果　58
4-4　共感疲労を低減させてレジリエンスを高めることで離職を
　　　防止する　68

第5章　高齢者介護福祉施設における共感疲労
　　　　およびレジリエンスの構造
　　　　―自由記述内容の質的分析より―　………………（北垣智基）　71

5-1　共感疲労を補強する要因・離職意向を躊躇させる要因・
　　　レジリエンスを補強する要因　71
5-2　何が離職を思いとどまらせるのか　72
5-3　離職を思いとどまらせるための方策　75

第6章　高齢者介護福祉施設従事者のキャリア形成支援の
　　　　視点と課題 ……………………………………………（北垣智基）　82

6-1　高齢者介護福祉施設従事者の就業継続をめざした
　　　キャリア形成支援　82
6-2　高齢者介護福祉施設で従事する人の属性別キャリア支援の
　　　ポイント　85
6-3　職場環境の整備とキャリア支援　96

第7章　支援者支援（職務ストレス・レジリエンスセルフ
　　　　チェック）ツールの概要と活用方法 ………………（南　彩子）　103

7-1　支援者支援ツールの概要　103
7-2　判定結果の見方　104
7-3　判定結果にもとづく対応策　106

第8章　支援者支援ツール活用の効果 ……………………（北垣智基）　122

8-1　支援者支援ツールを活用することで自己認識が促進される　122
8-2　支援者支援ツールを活用して自己認識が進んだポジティブな面と
　　　ネガティブな面　123

8-3 自己理解を深化させ就労継続・キャリア形成に活用する　129

第9章　家族介護者および要介護当事者への　インタビュー調査 ……………………………………（松田美智子）132

9-1 支援が行き届いていない無償の介護者　132
9-2 インタビュー調査の概要　134
9-3 5つの事例の考察　140
9-4 当事者と家族介護者をセットで支援する・先を見据えた
　　支援体制を創出する　143

第10章　訪問介護事業所におけるサービス担当責任者の　就業上のストレス要因の構造と対策 …………（松田美智子）147

10-1 期待が高まる訪問介護　サービス担当責任者の疲弊　147
10-2 研修会の概要　149
10-3 サ責のストレス要因と構造　151
10-4 サ責への支援策　仕事の管理・運用・マネジメント　158

あとがき　164

参考文献　167
巻末資料
　職務ストレス・レジリエンスセルフチェックシート
　偏差値換算表

第1章
高齢者介護福祉現場の実態と課題

1-1　私的扶養・保護から介護の社会化へ──介護人材創出の必要性──

　長きにわたりわが国の高齢者介護は、血縁や地縁による家族を中心とする私的扶養により担われてきた。第二次世界大戦後、高度経済成長期を経て国内の各種のインフラが整備され、公衆衛生や国民の栄養状態が改善されてきた。さらに、国民皆保険制度の整備や医療技術の進歩とともに、平均寿命は飛躍的に伸長した。

　かつて、経済的困窮状態にあり身寄りのいない高齢者は、生活保護法による養老施設へ収容されていた。1963年の老人福祉法の施行を皮切りに、老人福祉事業が着手された。

　当時は業として高齢者の介護労働に携わる人は少数派であった。生活保護関連の養老施設や老人福祉法の特別養護老人ホームなどの老人福祉施設で寮母として働く人や、老人家庭奉仕員（後のホームヘルパー）として働く一般の主婦や家事経験のある無資格の中高年女性が、その大半を占めていた。

　こういった介護労働者に支えられた人は、経済的理由を中心とする社会的養護の対象として日常生活の世話を受け保護されていた。

　2018年7月の厚生労働省の発表によると、2017年の日本人の平均寿命は男性81.09歳、女性87.26歳で過去最高を更新している。内閣府公表の高齢社会白書「平均寿命の将来推計」によると、平均寿命は今後も伸びると予想され、2060年には男性84.19歳に、女性90.93歳になるという。

　総務省統計局の2018年9月の発表では、日本の65歳以上（高齢者）の人口

は2018年9月15日時点で3,557万人となり、総人口比は28.1％とされている。人口の4分の1以上が高齢者という超高齢社会においては、高齢者介護の問題は国民の普遍的な課題となり、私的扶養や福祉施設への収容保護で対応するには限界となっている。

　少子高齢化の進展と国民のライフスタイルや生活意識の変化により、高齢者の介護資源の未整備は社会問題化した。1980年代になると在宅福祉への制度転換施策の再編が始まり、全国各地で訪問介護員採用時研修（ホームヘルパー1〜3級研修）が国策として積極的に進められた。

　1987年には福祉マンパワーの確保や専門性の向上をめざして社会福祉士及び介護福祉士法が施行され、社会福祉士や介護福祉士という福祉界初の国家資格の養成校や養成施設が誕生する。

　その後も2000年の介護保険法施行に向けて、介護人材の積極的養成策が国をあげて進められ、多数の養成校や養成施設が急増した。1988年には25校であった介護福祉士養成施設（卒業時介護福祉士資格取得をめざす学校）は、2008年には434校と20年間で17倍以上になった。

　しかしながら、2018年4月の介護福祉士養成校は365校に減少している。2018年度の入学者数は6,856人と5年連続で減少し、定員充足率は44.2％にとどまっている。その内、外国人の入学者は1,142人（ベトナム542人、中国167人、ネパール95人、ほか20か国）で、入学者全体の16.7％を占めている（読売新聞2018年9月12日朝刊）。留学生の入学者数は2016年の257人から約4倍超に増加している。

　背景には、2017年11月の改正出入国管理・難民認定法の成立が挙げられる。2018年9月から在留資格に「介護」が追加され、2019年4月からの施行が予定されたことで、外国人の介護業界への参入が容易になったことがある。

　また、2018年3月末の介護福祉士の登録者数は155万8,897人で、その内養成施設経由の資格取得者は34万2,288人、実務経験により国家試験を受験した資格取得者は121万6,609人（厚生労働省）である。

　介護福祉士の国家試験受験資格は2016年度まで、介護施設や事業所での3年以上の実務経験を有していれば認められていた。しかし2016年以降、3年以上の実務経験に加えて実務者研修の修了が必須要件になった。これによ

り、今後は実務経験による国家試験受験者の減少が見込まれる。

　介護福祉士の資格取得にはいまも複数のルートが併存していて、介護福祉士の資格を有する人の教育背景も多様であると推測される。介護人材が不足する現況のなかでは、さらに介護人材の確保が必要になる。介護現場にはますますさまざまな人が従事することになり、そこで働く介護人材の新たなストレスが増加することも容易に懸念される。

1-2　介護保険法施行後の介護人材確保と労働実態

　介護保険法が施行された2000年時点での介護労働者はおよそ55万人であったが、2015年には180万人を超えている（「平成29年版高齢社会白書」）。高齢者介護福祉分野で従事する介護人材は年々増加している。

　しかし、その労働実態について毎年調査している公益財団法人介護労働安定センターの調査結果（平成29年度介護労働実態調査）を見ると、介護人材の不足感は4年連続で増加している。「人材不足と感じている事業所」は66.6％で、その理由は「採用が困難である」が88.5％となっている。採用が困難である理由は「同業他社との人材獲得競争が厳しい」が56.9％である。そのため、新規事業を開始する際に求人が困難で事業が開始できない、人手不足で事業縮小や閉鎖などの社会問題も生じている。

　訪問介護員と介護職員の平成28年10月1日から平成29年9月30日までの1年間の採用率は17.8％で、離職率は16.2％であった。ここ数年、採用率が離職率を上回る状況も続いている。介護労働者のキャリア形成が同一の事業所内では困難な現実が垣間見える。

　現在は外国人介護労働者を採用して「いない」と回答した事業所は91.4％であるが、今後に採用「予定がある」事業所は15.9％、その内技能実習生の受け入れを考えている事業所は51.9％にのぼる。つまり介護人材の確保は今後も非常に厳しい現実である。

　厚生労働省は、介護人材確保地域戦略会議などで介護人材の確保について議論し、介護職員処遇改善交付金の加算を行っているが、介護人材確保のための有力策とは言い難い現状にある。

介護労働安定センターの同調査で、離職経験がある人の離職理由（複数項目回答）は、「職場の人間関係に問題があったため（20％）」「結婚・妊娠・出産・育児のため（18.3％）」「法人や施設・事業所の理念や運営のあり方に不満があったため（17.8％）」が上位を占めている。勤務先に関する希望は「今の勤務先で働き続けたい」が56.9％で、「今の職種以外で介護職を続けたい」は23.6％である。

　さらに、介護職員らの介護問題は「ここ数年のうちに、可能性がある（31.8％）」「現在、介護している（12.3％）」、将来仕事と自身の身内の介護の両立については「続けることができると思う（26.1％）」「わからない（44.6％）」という回答結果である。続けることができると思うと回答した人は、「続けられないと思う」人に比べて「介護休暇制度を知っている」「突然の残業がない」と回答した人に多かった。経営者側への調査結果でも、介護を理由に退職した従業員の有無は、「いた」（25.4％）、「いなかった」（63.7％）となっている。

　つまり、離職している介護労働者は介護の仕事そのものが原因ではなく、職場環境や労働条件と自身のワーク・ライフ・バランスによって離職を余儀なくされているとも推測できる。当然であるが、介護労働者自身の身辺にもそれぞれの介護問題や子育て支援が求められる状況がある。

　介護離職防止のための取り組み（両立支援のための取り組み）として、「介護休業や介護休暇を就業規則に定めている」事業所は66.1％、「介護の課題に直面した従業員からの相談窓口を設けている」事業所は35.5％である[1]。

　いまの職場で今後もがんばりたいと思っている人が多いが、女性が多い職場であることから、自身のワーク・ライフ・バランスとの兼ね合いも含め、やむなく離職する人が多数存在する現状にある。労働条件等就業に関する制度面からの条件整備とともに、それぞれの事情に応じて就業形態や異動などが柔軟に対応できる「働き方改革」の推進が実質的に保障されなければならない。

　今後は地域包括ケアシステムの構築が進むなか、多職種連携の重要性も高まる。また外国人介護労働者との協働の機会も増加することが予測される。介護福祉現場での人間関係は、専門性の違い、言葉や文化・価値観の課題も含めて今後いっそう多様化するものと推測される。

筆者らは、賃金体系など労働条件の改善が不可欠であるとの立場を前提としながらも、この業種に固有の感情労働の実態に即して、介護職員のストレスを軽減し、共感疲労やストレスによるダメージを乗り越え、自身のメンタルヘルスを回復させるレジリエンスを高める方策の解明に取り組んだ。高齢者介護福祉現場での感情労働については第2章で詳述する。

注
1）政府は少子高齢社会対策として子育て・介護に重点をおいた「一億総活躍社会」を発表（2015年11月12日・13日朝日新聞朝刊）し「介護離職ゼロ」をめざしている。厚生労働省では仕事と介護・両立支援の取り組みを推進している。

引用文献
介護労働安定センター（2018）『平成29年度「介護労働実態調査」』
　http://www.kaigo-center.or.jp/report/
社会福祉振興・試験センター『登録者数の状況』
　http://www.sssc.or.jp/touroku/tourokusya.html

第2章
社会福祉労働における感情労働
―共感疲労とレジリエンス―

2-1 社会福祉労働と感情労働

　社会福祉労働は対人援助であり、その際には信頼関係をベースにコミュニケーションを通して何らかの支援を提供する。利用者が苦しんでいる存在であればこそ、その思いに共感しつつ、利用者とともに感情的に揺れ動くこともしばしばである。それは時に、感情の軋轢を生じさせ、そこから派生する疲労感にさいなまれる場合すらある。

　村田（1998：45）によれば、「援助とは、苦しみを和らげ、軽くし、なくすことである」とされている。つまり、他者の苦しみを放っておけないから、何とかして相手の気持ちを理解しようとして、援助者としてかかわりをもとうとする。その際「他者の苦しみはわれわれの感情を激発する」（村田2010：ⅱ）のである。

　他者の苦しみを放置せず、それに意識を向けようとするのが援助者のコンパッション（思いやり）である。他者への支援は大変な時間とエネルギーを要する仕事であり、だからこそ専門職なのである。即効性や効率性を重視する業務とは逆方向に対置された、時間や件数や即応性に縛られない、相手の揺れ動く感情とともに右往左往しながらサービス提供するのが本来の福祉支援者である。

　ソーシャルワーカーやケアワーカーなど対人援助職者は、相手の感情に揺さぶられ、激発され得る存在であるがゆえに、感情管理に苦慮して時には疲弊するのである。

そこで本章では、社会福祉労働を感情労働という視点でとらえ、さらに感情労働を余儀なくされることから派生する共感疲労について言及し、共感疲労を乗り越えるための一つの視座としてレジリエンスという考え方について明らかにしていくことを目的とする。

2-2　感情労働を余儀なくされる高齢者介護福祉労働者への支援

社会福祉労働者全般にいえることであるが、直接かかわる相手が支援を必要とする存在であるがゆえに、支援者側に「何とかしてあげなければ」という気持ちが増幅し、利用者の感情に必要以上に触れてしまう場合がある。誠実に向き合おうとすればするほど、「共感疲労」が存在する場合がある。

「共感疲労」とは、他者をケアすることから生じる支援者側の心理的疲弊をいう。このようなことが起こるのは、介護職員をはじめとする高齢者介護福祉領域での対人援助職の仕事が、いわゆる「感情労働」だからである。

感情をめぐる高度なスキルが要求され、感情を駆使する労働を「感情労働」という。この概念を社会学的観点から提唱し、感情社会学の領域を樹立していったのは、ホックシールド（Hochschild, A.）である。ホックシールドによれば、感情労働（emotional labor）とは以下のように説明される。

すなわち「公的に観察可能な表情と身体的表現を作るために行う感情の管理」という意味で用い、「感情労働は賃金と引き替えに売られ、したがって〈交換価値〉を有する」ものとされている。また感情作業（emotion work）や、感情管理（emotion management）という類義語に対しても、私的文脈における同種の行為を意味するものとして用いられている（Hochschild, A. 1983=2000、石川・室伏訳：7）。

その職種の例として最初は、飛行機の客室乗務員やウエイター、ウエイトレスなどの飲食店従業員や営業職など、笑顔が求められる接客業が挙げられていた。次第に教師、看護師、ケアワーカー、保育士、ソーシャルワーカーなど、女性に占有されることが比較的多いとされてきた対人援助職にまで広がりを見せている。

ホックシールドがこの著作を公刊してからというもの、特に看護職、介護

職などの対人援助職にこれをあてはめて考究する研究が見られるようになってきた。

武井（2002：9）は、看護の領域で感情労働について論考するなかで、感情労働の概念をわかりやすく説明している。すなわち「感情労働とは、人々と面と向かって、あるいは声を通しての接触があり、職務内容のなかで感情が重要な要素となっているものをいう」とし、患者に対して「自分の感情を掻きたてられたり抑えたりしながら働く」とする。

対象を利用者に読み換えれば、これは高齢者介護福祉領域の介護職員や相談員にもあてはまるだろう。どんなに腹が立つことがあったとしても、怒りやイライラした感情を表面には出さず、あくまでも相手の立場に立って共感的理解を示し、利用者の前では自らの感情をコントロールして対面するよう訓練され、身につけていくのが感情管理である。

感情管理の方法には二つある。表層演技（surface acting）と深層演技（deep acting）である（Hochschild, A. 1983＝2000、石川・室伏訳：36）。

表層演技とは、本当の感情は違っても表面上は感情規則にしたがって表情をつくることをいう。関谷・湯川（2014：170）は例示的に、本当はイライラしていても笑顔で対応するように、何らかの感情を抑制したり、抱いていない感情を抱いているかのように振る舞ったりするのが、これに該当するとしている。

深層演技とは、つくり物の笑顔以上の、自らのなかに適切な感情を掻き立てようと、深いところで装うことによって自分自身を変えるものである。つまり、自己誘発した感情を自発的に表現しようとする試みである。

これについても関谷・湯川（2014：170）は例示的に、その場面において社会的に、あるいは職業上望ましいとみなされる感情を実際に抱くべく、自分の内に湧き上がってくる感情をなだめ、別の感じ方に加工し、感情の感じ方そのものを意図的にコントロールしようとすることをさす、としている。

つまり、職務上望まれる感情表出を意図的に行う一種の演技であり、訓練を要するものである。こうした演技を続けることが、自分自身の感情レベルの消耗感をもたらすことになる。

感情労働の特徴は、コミュニケーションを伴うことである。たとえば、生

活支援の提供過程においては、介護職員らは利用者の状態や生活状況、あるいはニーズや気持ちの変化に対応して、生活支援の内容を調整・修正していく。そこにおいては、両者の適切なコミュニケーションが不可避の要素として存在する。

感情労働がこのような特質を有するがゆえに、介護職員らが自らの感情管理をうまくできない場合には、バーンアウトやストレス状況にさらされることになる。したがって、施設の管理者は、職員のメンタルヘルス面についても配慮しておかなければならない。

介護職員らの職務の性質上、利用者の身体に触れることや日常生活支援を行う際に常にコミュニケーションが求められることなどから、それらが就労意欲に影響を及ぼしてストレスにつながりかねないことは、介護職者ら自身も施設の管理者も、しっかりと理解しておく必要があろう。言い換えれば、介護職者らの人材確保や離職防止のためには、介護職者らへの恒常的なメンタルヘルスケアがますます重要課題になるということである。

社会福祉労働者が自らの感情管理をうまくできない場合、すなわち本当の自己と演じられた自己の間に距離があるとき、アイデンティティの危機に陥る（丹治2006：7）という負の側面の指摘がある。一方、施設職員は日々疲弊しているが、それは共感的関与などの援助者としての専門性を行使しているがゆえであるという側面の指摘もある（藤岡2011：203）。

つまり感情管理がうまく機能している場合には、自分自身の感情管理能力の高さによって職務に自信やプライドをもち得るという指摘にもつながる（小村2006：44）。このことは、社会福祉労働者が利用者に対して共感的理解や信頼関係樹立という専門性を行使すればするほど、利用者の身体・心理・社会的状況の厳しさの程度によっては二次的ストレスにさらされやすい、というジレンマとかかわりがある。

ただし、感情労働という一定のカテゴリーの労働が存在するというわけではない。たとえば武井（2002：8）は介護労働について、単なる肉体労働ではなく頭脳労働であること、さらに第三の労働である「感情労働」という視座を射程に入れる可能性を示唆している。

最近の論点としては水谷（2013：13）が、「感情と労働の結び付きに関して、

自己もしくは他者の感情の抑制もしくは管理を重要な要素とする対人サービスを中核とする労働」と指摘し、感情労働を対人サービス全般にあてはまる概念としてとらえている。「感情労働」をキーワードにして文献レビューを行った限りにおいても、看護、介護、保育、災害支援領域などでこの概念が援用されている。

次に、感情労働の負の側面がもたらす共感疲労に注目してみよう。

2-3 共感疲労の概念

これまで述べてきた感情労働における心の負担を、うまくコントロールできないことでもたらされるものが共感疲労である。感情労働の概念は、いまやサービス業全般に対して適用すべく用いられてきているが、共感疲労の概念はもう少し限定的で、保健・医療・福祉などの対人援助職に適用されるものとして用いられることが多い。最近では「感情労働シンドローム」という言葉さえ聞かれる（岸本2012）。

共感疲労は、同情疲労とも訳されている。共感疲労の概念の創始者は、フィグリー（Figley, C. R. 1996：2002）といわれている。フィグリーの見解をまとめると、共感疲労とは、二次的被害、二次的心的外傷的ストレス、代理心的外傷、二次的残存の意味があるとされる。

共感は、援助者が利用者と良好な関係性を構築する際に用いる重要なスキルである。しかし援助者自身も、自らの生活史のなかで心的外傷を体験していたり、利用者の話を聞いて共感するプロセスで自らの未解決の心的外傷体験が再活性化してしまったりすることなどから、共感疲労がもたらされるという見解がある（林2010：108）。

そうした例として武井（2011：18-19）は、災害時の救護にあたる医療職者自身のケアを挙げている。

災害の場合、一番の問題は自分自身が被災しながら働き続けている現場の医療スタッフの場合であり、次に問題になってくるのは救援に行った人のストレスであるという。こうした救援活動を行う支援者は、自らの体験を言語化することなく仕事をこなし続け、被災者の語る体験を聞いて二次的外傷体

験に陥る場合もある。これがすなわち共感疲労と呼ばれるものである。

　武井（2011：22）は、「人の痛みを自分のごとく感じなさい」と教育を受けてきた看護師の例を挙げて、看護師という職業を選択する人たちには、もともとそうしたリスキーな傾向が潜んでいる点を指摘している。

　相手の語ることをまずはじっくり傾聴する。そこから福祉的支援は始まる。先にサービス提供有りき、ではない。利用者は最初、支援者に「この人は自分のことを心底理解してくれるだろうか」と多少の猜疑心を抱く場合もあろう。しかし、相互のコミュニケーションの深化にしたがって自分の気持ちを理解してもらえると感じたときに、意思疎通し、真に困っていることを語り始める。

　時には、強烈でネガティブな感情を相手から表出される場合もあろう。それを正面から受けてしまい、相手の感情とそれを甘受する自分自身の感情とを客観的に吟味しつつかかわることが難しい場合、二次的に感情的緊張を溜め込んで「共感疲労」状態に陥るのである。

　ただし、後述するように、共感疲労が共感満足へと転化される場合もある。

2-4　共感疲労への対処としてのレジリエンス

　社会福祉労働者は、利用者の困難な問題状況について話を聞くなかで共感的にかかわる必要があるが、利用者の感情に巻き込まれることなく、自分自身がどのように受け止めたかを常に客観的に理解して、距離をおきつつも適度な情緒的かかわりをもつことが求められる。

　こうした感情の動きを、信頼関係をベースにしたコミュニケーションのなかで敏感に感じ取り、瞬間的・客観的に自己理解し、サービス提供を継続するということには、かなり訓練を要するかもしれない。訓練を受け始めたばかりの初心者にとっては、ルーティンの業務を覚えつつ日々の相談援助において利用者と正面からかかわりあうなかで、共感疲労に陥る人が幾分か存在するであろうことは、想像に難くない。

　ホックシールドは、感情労働の特質として次の三つを挙げている。一つ目は対面あるいは声による人びとの接触が不可欠なこと、二つ目は他人のな

かに何らかの感情変化を起こさねばならないこと、三つ目に雇用者は研修や管理体制を通じて労働者の感情活動を支配する必要があるという点である。

　この三つ目の指摘が共感疲労への対処に関連するものであるが、研修や管理体制については、スーパービジョンという体制が不可欠の要素として挙げられるだろう。しかしわが国の現状は、スーパービジョンがシステムとして業務のなかに必ずしもうまく組み込まれているとはいい難い。だとすれば、いかにして共感疲労と向き合うことができるだろうか。

　一つの視点として「レジリエンス」の概念が、精神医学、脳科学、発達心理学、認知心理学、また看護学や保育、介護、災害支援、ソーシャルワークなどさまざまな領域で注目されてきている。

　レジリエンス（resilience）は、ラテン語のsalire（to leaper jump）、resilire（to spring jump）が語源であるとされている（池淵ほか2013：148）。これは「跳ね返す」「再び跳ねる」という意味である。

　土木工学の分野では、橋や建物などの構造物が損傷を受けた後、ベースラインまで回復する性能を意味する。緊急時の対応力については、市民生活に欠かせないシステムが地震や洪水の被害からどのくらいのスピードで復旧できるかをさす。心理学では、トラウマに効果的に対処する個人の能力を意味する（Zolli, A., Healy, A, M. 2012 = 須川訳2013：9-10）。

　レジリエンスを包括する辞書的な意味は基本的に二つあり、「外部から力を加えられた物質が元の状態に戻る力」と「人が困難から立ち直る力」であるといわれている（Zolli, A., Healy, A, M. 2012 = 須川訳2013：377）。たとえば『オックスフォード英語辞典』によると、1800年代以降「圧縮（compression）された後、元の形、場所に戻る力、柔軟性」という意味で使用されるようになったとある（加藤・八木2009：9）。

　この用語が使用されている領域は多様である。物理学の領域では「衝撃強さ」、生態学の領域では「回復力」、小児精神医学や発達心理学の領域では「トラウマや逆境から立ち直る力」、脳科学では「ストレス抵抗性」といった意味合いで、それぞれ用いられている。

　社会福祉の領域でレジリエンスを定義すれば、「人は困難な状況に陥った場合や、逆境や耐えられない環境におかれた場合にも、やがてはその状況か

ら立ち直ろうとし、逆境を跳ね返す力をもつ。レジリエンスとは、その際の回復力や弾力性、柔軟性のことをいう」といった意味合いになるだろう。

　菊地（2010：1-4）は質問紙調査を実施する際に、レジリエンス尺度に加えて、対処法としてのコーピング尺度も用意している。すなわちネガティブで精神的に追い詰められたとき、どのような行動を取れば乗り越えられるかを検討している。その結果、看護師の場合、気晴らしをしたり他者に相談したりするよりも、問題と向き合って意味づけを行うことで精神的回復につながるとしている。

　レジリエンスの概念を用いて実践研究した例（足立2010：菊地2010：村本2011ほか）について見ていくと、多くの学問領域で用いられていること、また、なかなか和訳しにくい用語であることもわかる。

　ソーシャルワークの領域では、「リジリエンス」が第29回ソーシャルワーク学会（2012）の大会テーマ『リジリエンスによるソーシャルワーク論とその実践』として取り上げられ、こうした概念をソーシャルワークにおける援助に導入していこうとする動きがある。第29回大会会長であった秋山薊二は、「ソーシャルワークにおいてこそリジリエンスを研究すべきである」と述べている（秋山2013：8）。

　また平野（2010：96）は、国内外の先行研究によるレジリエンス要因を再分類し、以下の7項目（さらにカッコ内に示した20の下位項目）にまとめている。

　　①ソーシャルスキル（共感性、社会的外交性、自己開示、ユーモア）
　　②コンピテンス（問題解決能力、洞察力、知的スキル・学業成績、自己効力感・有能感）
　　③自己統制（自律・自己制御、感情調整）
　　④チャレンジ（興味関心の多様性、努力志向性）
　　⑤好ましい気質（抵抗力、忍耐力）
　　⑥肯定的な未来志向（楽観性、肯定的な未来志向性）
　　⑦その他（身体的健康、自立、道徳心・信仰心、自己分析・自己理解）

　平野はさらにこれらの項目を用いて、質問紙調査のうえで因子分析を行っ

た結果、資質的レジリエンス要因と獲得的レジリエンス要因の2因子を見出し、資質的要因の個人差をふまえた介入のあり方や、後天的なレジリエンスの身につけ方の探求を課題として述べている。

なお、損保ジャパン・ヘルスケアサービスは、ストレスや挫折に強く、職場環境に順応しやすい性格傾向に焦点を当てたレジリエンス人材度測定ツールを、「LLax MRP」として2013年4月1日から販売している。これは、企業に勤める社員の人間関係構築の過程で、職場不適応の結果としての離職を防ぐ目的で開発されたものだが、測定ツールの下位尺度とその内容は、次の4つである。

①自己調整力（自分の気持ちの状態を絶えずモニターし、調整する）
②ストレス緩衝力（自分の感情に振り回されず、考え、行動する）
③挫折からの回復力（自分の欠点や失敗を受け入れ、気持ちを切りかえられる）
④耐久力（逆境にくじけることなく立ち直ることができる）

これらは、困難な状況におかれたとしても、それをはね退けていく回復力と考えることができる。そうした視点を社会福祉労働者がもち得るためには、このような乗り越え方の視点を自らの努力で身につけるだけではなく、こうした視点を教育的立場から修得させることや、研修を担当する人びとの存在と、社会福祉労働者をサポートするような専門職チームが必要だろう。

また、こうしたサポートに不可決な要因は、個人、集団、あるいは地域社会の社会資源の構成員や住民などによる、持続的で温かい見守りの視線であろう。

2-5　共感疲労から共感満足／ワーク・エンゲイジメントへ

看護・介護・福祉領域における共感疲労に関する先行研究を概観した結果、「共感疲労」がネガティブにとらえられていること、また共感疲労を構成する因子を特定しようとする量的研究が多いこと、さらに社会福祉労働者の体

験する共感疲労について取り上げている論文はいまだ少ないことがわかる。

一方、趙（2014：78）の指摘によれば、看護師や教師、社会福祉士、聖職者などが、外傷を負ったり苦しんでいる人たちと働きながら得られる肯定的側面として、「共感満足」が存在するという。フィグリーとスタム（Figley & Stamm 1996：127-130）は、共感満足を「人を助けられるということから得られる喜びの感情」と定義している。

対人援助に際してこのような共感満足が見られることは経験者であれば理解できることであるとともに、これは共感疲労を乗り越えるのを後押しする主要概念となるのではないだろうか。感情労働から受け取るさまざまな反応や感情は、感情労働への大きな見返りであると、小村も分析している（小村2006：48）。

また、看護における共感と感情コミュニケーションについて取り上げた福田（2009：1-6）は、共感を情動的共感と認知的共感に分類し、前者を第一の共感、後者を第二の共感としている。情動的共感とは、援助者の患者への真摯な共感的配慮をいい、その結果共感疲労を生じることがあるという。認知的共感とは、援助者の共感によって患者が癒しや安らぎを感じていると援助者自身が実感できたときに感じる充実感をいい、負の感情が軽減できるという。

このことは、第一の共感だけだと共感疲労からケアの代償としてのストレスに陥りやすいものの、第二の共感まで至った場合には、いわゆるケアの報酬としての共感満足が得られることを表しているとは考えられないだろうか。

関谷（2016：192-206）も、感情労働の魅力を解明し、アップさせていくための具体的方法の検討が今後の感情労働研究に必要な視点であるとし、バーンアウトの対極にあるワーク・エンゲイジメント（仕事に没頭できている状態、あるいは魅了されている状態）を含む感情労働のポジティブな側面の促進がストレス対策につながると述べている。

すなわち、感情労働にはネガティブな側面ばかりではなく、ポジティブな側面も内在させている点にも注目していく必要がある。この、ワーク・エンゲイジメントにつながっていく可能性についての追及は、確かに今後の重要な研究課題であろう。

ただし、現時点において多くの先行研究を総合するとき、対人援助職に

とって、感情労働の代償としての感情的な疲弊やストレスや破たんはつきものであるという側面は十分に支持できる。

したがってそれを看過するのではなく、「ケアする人がケアされる」（武井2010：7）ことによって、解決の糸口が見つかるのではないかと考えられる。「ケアする人」は疲弊している。よって、「ケアする人」はある意味で「もっともケアされなければならない人」であると理解できよう。

社会福祉労働者は、自らの仕事を進めるうえで、「感情」に十分に目を向ける必要がある。感情労働研究でいわれているような「自分の本当の感情を押し殺してサービスに努める」職種とは異なるが、少なくとも信頼関係を構築し、状況を正しく把握し、アセスメントや支援計画の作成を行って、支援実施のプロセスにおいて、感情表出をベースにしたコミュニケーションを伴うことは間違いないだろう。

したがって、しっかりと自らの感情に気づき、時に応じてうまくコントロールし向き合っていくスキルを身につけることが必要である。そのために、システムとして職場環境を整備することや、職種間合同カンファレンスの開催や事例検討の機会をもつことなどによる支援者支援が必要だが、スーパーバイザーといえるべき人がいなくとも乗り越えていけるような考え方やスキルを身につけることも大事だろう。

その際、援助職者自身が自らの行動と感情を理解し、意味づけ、客観化する力を身につけておくとともに、「レジリエンス」の概念を理解、熟知して感情的疲弊を緩和させることも一つの方法であると考えられる。

2010年の調査ではあるが、「職場におけるメンタルヘルスケア対策に関する調査」によれば、医療・福祉領域で働く76.6％にものぼる人がメンタル不調者であり、これは全職種でもっとも高い割合を占めていることに注目すべきである（独立行政法人 労働政策研究・研修機構2011）。

社会福祉労働者は、自分自身の精神的側面における疲労度を覚知し、メンタルヘルスの維持向上を職務の一環として位置づけておくことが大事である。そして、自分自身が抱いた感情から生ずる疲弊をうまくコントロールしたり跳ね返したりするスキルを身につけることによって、感情管理能力を向上させ、自律性を高めることができよう。

「支援者支援」はこれからの対人援助のキーワードの一つである。支援者自身が感情的沸点を突破してしまうのを未然に防ぐために、精神状況の緊張を解きほぐす何かしらの「弾力性」や「弛み」、いわゆるレジリエンスを行動として取り込むこと、また支援者その人への支持的存在が、そう遠くないところから決して干渉的ではなく緩やかに見守り続けることが、物事に対して動揺せずに跳ね返す精神を保ち得る可能性を開く糸口となり得るのではないだろうか。

　また、高齢者介護福祉現場で働く人のストレスを低減させることはもちろん重要だが、ストレスをゼロにすることは難しい。ストレスのない人生もない。目の前のストレスをいったん頭の片隅におき、共感満足あるいはワーク・エンゲイジメントといったポジティブで充実した感情と認知につながる可能性も頭におくことで、ストレスによるダメージを受けたメンタルヘルスを回復させることができれば、それは支援者にとって大きな力となり、ひいては利用者へのサービスの質の向上にもつながる。そういう視点をもつことが大事ではないだろうか。

注
1）"resilience"という用語に関していまだに定訳が見られない。わが国の多くの文献においてはそのままカタカナ表記がなされており、研究者によって「レジリエンス」とも「リジリエンス」とも表記して用いられている。本稿では、当該研究者の披見するとおりに使用し、特に統一して用いていない。

引用文献
足立美和（2010）「ストレングス視点を基盤としたソーシャルワーク実践の援助観に関する一考察——レジリエンシーに焦点をあてた中途障害者の回復過程の分析を通して——」『大分大学大学院福祉社会科学研究科紀要』13、1-12
秋山薊二（2013）「なぜリジリエンスか」（2012年6月9日　大会長挨拶）『ソーシャルワーク学会誌』26、5-9
独立行政法人労働政策研究・研修機構（2011）「『職場におけるメンタルヘルスケア対策に関する調査』結果」（http://www.jil.go.jp/press/documents/20110623.pdf）
Figley, C. R. & Stamm, B. H. (1996) Psychometric Review of Compassion Fatigue Self Test. (in Stamm, B. H. ed. *Measurement of Stress. Trauma and Adaptation*. Sidran Press. 127-130).
藤岡孝志（2011）「共感疲労の観点に基づく援助者支援プログラムの構築に関する研究」

『日本社会事業大学研究紀要』57、201-237
平野真理（2010）「レジリエンスの資質的要因・獲得的要因の分類の試み——二次元レジリエンス要因尺度（BRS）の作成」『パーソナリティ研究』19（2）、94-106
Hochschild, A. (1983) *The Maneged Heart:Commercialization of Human Feeling*. Univ. of California Press.（＝2000、石川准・室伏亜希訳）『管理される心——感情が商品になるとき——』世界思想社
林潔（2010）「介護福祉士と感情労働、共感疲労」『教育研究』28、106-115
池淵恵美ほか編『精神科臨床サービス』(2013) 13巻2号〈特集：精神保健・医療・福祉の今がわかるキーワード126〉
福田正治（2009）「看護における共感と感情コミュニケーション」『富山大学看護学会誌』9(1)、1-13
加藤敏・八木剛平編（2009）『レジリアンス—現代精神医学の新しいパラダイム』金原出版
岸本裕紀子（2012）『感情労働シンドローム』PHP新書
小村由香（2006）「感情労働としての生活保護ケースワーカー」『公的扶助研究』201、42-49
菊地梓（2010）「看護師を対象とした職務レジリエンス研究——個人レベルおよびチームレベルのレジリエンスの検討」(www.hues.kyushu-u.ac.jp/education/student/pdf/2010/2HE09035S.pdf)
村田久行（1998）『改訂増補 ケアの思想と対人援助——終末期医療と福祉の現場から』川島書店
村田久行（2010）『援助者の援助——支持的スーパービジョンの理論と実際——』川島書店
関谷大輝・湯川進太郎（2014）「感情労働尺度日本語版（ELS-J）の作成」『感情心理学研究』21（3）、169-180
関谷大輝（2016）『あなたの仕事、感情労働ですよね？』花伝社
丹治和典（2006）「『感情労働』の視点から見た対人サービス業務の今日的課題」『札幌国際大学観光教育研究年報』5（6）、2-9
武井麻子（2002）「感情労働と看護」『保健医療社会学論集』13（2）、7-13
武井麻子（2010）「感情労働者のセルフケアとサポート」『こころの健康』25（2）、2-8
武井麻子（2011）「共感疲労という二次災害から看護師を守る」『精神看護』14（3）、18-22
趙正祐（2014）「児童養護施設の援助者支援における共感満足・疲労に関する研究——CSFの高低による子どもとの関わり方の特徴から」『社会福祉学』55（1）、76-88
Zolli, A., Healy, A. M. (2012) *Resilience: Why Things Bounce Back. Headline*.（＝2013、須川綾子訳『レジリエンス：復活力』ダイヤモンド社）

第3章
高齢者介護福祉施設従事者の職務ストレスの構造

3-1 高齢者介護福祉施設従事者には感情労働の実態がある そこから派生する共感満足が存在する

　松田・南は2015年に高齢者介護福祉施設において、対人援助職者が感情労働を行っている実態があるのかどうか、その実態があるとすれば、感情労働による感情的疲弊（共感疲労）とそれへの対処の現状を明らかにすること、を目的としてインタビュー調査を行った。なおこの調査は、この後に実施される量的調査（第4章）のプレ調査と位置づけられるものである。

　このインタビュー調査では、高齢者介護福祉施設で働く援助者らに感情労働の実態があることが確認できた。発話データのカード分類法による質的分析により導き出したストーリーラインから、以下の仮説を導き出した。

　「高齢者介護福祉施設で従事する対人援助職者は、【感情労働】によってストレスフルな状態にあり、なかでも【援助者としてのストレス】や【職業人としてのストレス】によって【共感疲労】に至る可能性をはらんでいる。しかしながら、【職場の支え】や【自己覚知による学びと自己理解】や【それぞれの対処法】を駆使しながら、サポートシステムをうまく活用することによって、支援の報酬としての【共感満足（ワーク・エンゲイジメント）】に変化させることが可能である」というものである。

　研究課題として、支援者自身がストレスからくる感情的疲弊に陥らないために、疲弊の蓄積を早めにチェックする自己診断票などのツールの開発を行うこと、また介護・福祉現場でサポートシステムが早急に整備される必要が

あることが示唆された。

3-2　2015年に実施したインタビュー調査の概要

　感情労働としての社会福祉・介護福祉従事者の精神的ストレスあるいは共感疲労や共感満足に関する先行研究はほとんど見られなかったことから、まずは10名の高齢者介護福祉領域で従事する人にインタビュー調査を実施した。
　調査協力者となる対象者の選定に際しては、介護職員・相談員がもっとも多く従事する社会福祉法人の高齢者福祉施設・事業所（厚生労働省「介護サービス施設・事業所調査」2013）において介護職員・相談員の職務経験を有する人で、調査の目的上一定の現場経験をもつ経験年数3年以上を有し、現場介護職員の男女比率がおよそ2対8（介護労働安定センター『平成26年度介護労働実態調査』）であることを参考にした。
　その結果、本調査への協力意思が確認できた調査協力者は、男性3名・女性7名の10名となった。年代は、20代2名、30代4名、40代3名、50代1名。職種は、介護職5名、相談職4名、看護職1名。そのうち管理職経験者が7名。経験年数は5年未満1名、10年未満3名、20年未満4名、20年以上2名である。
　インタビュー調査期間は2015年5月30日〜6月25日の間で、それぞれの調査協力者が指定する日時に、同じく指定する場所（プライバシー保護を遵守するため個室でインタビューの内容を第三者は聞くことができない状況）を訪問して実施した。調査は自由に語ってもらう半構造化インタビュー調査とし、以下の5点について尋ねた。

　①利用者やその家族・同僚・関連職者とのやりとりのなかで精神的ストレスを感じたことがあるか。
　②利用者やその家族・同僚・関連職者の感情に巻き込まれたり、傷ついたりしたことがあるか。
　③もっとも疲れを感じるのはどんなときか。
　④（スーパーバイザーの経験があれば）スーパーバイザーとしてのかかわりのなかで傷ついた体験があるか。スーパーバイザーとしての役割が

果たせていると思うか。

⑤施設・事業所内での支援体制の有無と望まれる支援体制への意見について。

インタビュー調査の分析方法として、KJ法を参考にしたカード分類法を採用した。インタビュー調査実施後、録音（インタビュイーに了解を得ている）したデータから逐語録を作成し、発話内容を文字にしてデータ化、カード分

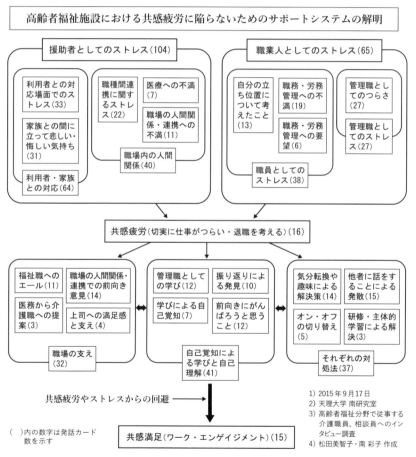

図3-1　高齢者福祉施設における共感疲労に陥らないための
　　　　サポートシステムの解明（カード分類法による図解化）

類法を用いて図解化し、その関連についてストーリー化した。得られた逐語録は、A4判（50字×48行）換算で合計110枚となった。総ログ数【860】、ラベル数合計【310】、小表札【23】、中表札【9】、大表札【1】となった。

　質的研究に伴う主観性をできるだけ排し客観性を確保するよう、研究者間で相互にチェック・確認し、感情労働を伴う状況に相当すると考えられるラベルの作成と、カテゴリーの同定を行うという手順を踏んだ。最終的に図3-1が得られた。

　本調査の倫理的配慮として、インタビュー協力者へは研究の意義と目的、研究の進め方、自身の意思でいつでも本調査研究への参加を中断・中止できること、インタビュー調査の結果得られた情報は匿名化し研究目的のみに使用すること、インタビューに際して録音することの可否について口頭と文書で説明し、調査協力への同意書に署名・捺印をしてもらった。

　また逐語録に関するデータの管理には、十分な秘密保持の配慮を行った。さらに、研究成果の公開に関しても、インタビュー協力者に事前に発話内容を確認してもらい、同意書に署名・捺印をしてもらった。

3-3　調査結果

　発話カードから、精神的ストレスや傷つき体験といった感情労働を伴う場面や状況、そうした事態が生じた場合の対処法や対策、現在の心境や提案などについて、研究者間で相互点検・確認をしながら、カード分類法に則って小表札を作成した。

　その結果発話カードは、その代表的な内容概略と、第1段階のカテゴライズから生成した小表札（23）、第2段階のカテゴライズから生成した中表札（9）、そして大表札（1）生成へと収束した（図3-1）。さらに、第2段階のカテゴライズから生成された中表札間の関係性をとらえて全体を俯瞰した結果、二つのコアカテゴリー、すなわち【共感疲労に至る因子】と【共感満足に至ると考えられる因子】に収束した。

　これら二つのコアカテゴリーの下位カテゴリーとして生成された9の中表札および23の小表札のそれぞれの内容について、以下に説明していく。調

査対象者の10名はAさんからJさんとし、発話内容は表に示す。なお各発話の最後につけてあるアルファベットと数字の意味は、たとえばA1というのはAさんの1番目の発話であることを示す。

利用者やその家族・同僚・関連職者とのやりとりのなかで感じる精神的ストレスや傷つき体験による【共感疲労に至る因子】と考えられる下位カテゴリーは、〔援助者としてのストレス〕と〔職業人としてのストレス〕に大別された。

〔援助者としてのストレス〕については、《利用者・家族との対応》と《職場内の人間関係》に分類できた。《利用者・家族との対応》は、『利用者との対応場面でのストレス』と『家族との間に立って悲しい・悔しい気持ち』に分類でき、《職場内の人間関係》は、『職種間連携に関するストレス』と『職場の人間関係・連携への不満』『医療への不満』に分類できた。

〔職業人としてのストレス〕は、《職員としてのストレス》と《管理職としてのストレス》に分類でき、《職員としてのストレス》はさらに『職務・労務管理への不満』『自分の立ち位置について考えたこと』『職務・労務管理への要望』に分類された。《管理職としてのストレス》は『管理職としてのつらさ』から構成された。

9の小表札の具体的な内容について表3-1に、各小表札の発話内容について表3-2に示す。

表3-1　共感疲労に至る小表札の内容

小表札	具体的な内容
利用者との対応場面でのストレス	高齢者福祉施設等の介護職・相談職は、その業務時間の大半を利用者とともに過ごし、利用者の日々の生活上のニーズに即してかかわりを続ける。しかし、利用者には個別性があり、昨日の対応と今日の対応がまったく同様というわけではなく、日々認知症等の疾患による症状の変化や気持ちの変化を即座に読み取って臨機応変に対応を工夫しなくてはならない。そこがマニュアル化された仕事との大きな違いの一つである。また業務量の多さや人手不足のなかで、何とかしてあげたい気持ちとのアンビバレント（相反する）な感情体験をする場合もある。
家族との間に立って悲しい・悔しい気持ち	利用者家族との対応場面では、利用者本人と家族の意向が異なる場合にその調整場面で両者の気持ちを慮ることで、援助者は大きなストレスを受けている。特に医療対応や終末期ケアのあり方について、事前に十分家族の意思確認ができていないとトラブルに発展しやすい。また職員に対して本来業務とかけ離れた要求をつきつけたり、家族の思いが強く、援助者の介護方法について根拠の乏しい変更を感情的に求められたりすることでも、専門職としてのアイデンティティが揺らぐ感情体験をしている。

小表札	具体的な内容
職種間連携に関するストレス	利用者ともっとも身近に存在する介護職は、利用者の状況や気持ちの変化を敏感にとらえられる。観察したことからアセスメントした内容が、同僚や他職種・他事業所とのカンファレンスなどで否定的にとらえられるとつらい・悲しい思いをしている。特に医療対応にかかわることで、伝わらない・うまく連携が取れないといったストレスを感じている。一方医務サイドも専門性の違いから利用者情報の再確認が必要であったり、24時間常駐しない医師との板挟みで立ち往生するといった場面もある。
職場の人間関係・連携への不満	職場内の円滑な人間関係はどのような職域においても重要である。介護労働者が離職する際の離職理由は建前とは別に「人間関係に問題があった」が真の理由であるとの調査報告（今井2011：10）もある。価値観や仕事に対するスタンスの違いによる人間関係の歯車が合わないことでうまく連携が取れず、利用者へのよりよい対応や後進の育成につながらないといったストレスを感じている。また人手不足は職場内の雰囲気や業務達成・人間関係に大きく影響する。転職経験者では、入職直後は仕事内容の課題より同僚との人間関係づくりに苦労している。
医療への不満	医師の専門性は十分に認めているが、利用者や家族の思いとの狭間に立って、うまく関係調整や連携が取りにくいことへの強い不満がある。また日頃かかわりが薄い病院や診療所との対応場面では、医師サイドの対応についてもっと利用者本位、家族にも納得できる対応を強く求めている。援助者として利用者・家族の気持ちを慮り、場合によってはアドボケーターとしての役割を果たさなければならないとの認識がうかがえる。
職務・労務管理への不満	夜勤体制下での自身の健康管理へのストレスがある。夜勤を行う職員には離職意向が強いとの調査報告もある（金原・岡田2014：60、濱島・髙木・芦田2013：56）。職務管理上の心情的なサポート体制や、具体的な苦情対応への協力・アドバイスが得られないこと、休憩場所の環境が不適切で休まらないことなどに大きなストレスを感じている。また、一定の部署でキャリアを重ねると、自身の専門職としてのスキルアップをめざして他部署への異動を考えるようになるが、人事管理に対しても職員の希望とのミスマッチにストレスを感じている。
自分の立ち位置について考えたこと	利用者・その家族・関係者との対応場面でうまくやりとりが展開しない、あるいは難ケースに当たったときには感情規則に縛られて懊悩する援助者の姿がうかがえる。悩みながらも本来自分は職業人・専門職としてどのようにあるべきか呻吟（しんぎん）（苦しみうめくこと）し、どのように振る舞うことがもっとも適切なのか感情労働を強いられ疲弊している。最終的には自身の職務内容を再確認・再認識し、真摯に内省しながら前向きに対応しようと気持ちを切りかえている。
職務・労務管理への要望	職場内のサポート体制だけでは解決しない職務上のストレスに対して、心情的なサポート体制の強化や外部に目を向けることでストレスを解消しようとする援助者の姿がある。環境や視点を変えることで自分の気持ちも変化するのではないかという期待がある。
管理職としてのつらさ	管理業務遂行への責任感から苦労している中間管理職の姿がうかがえる。部下を介して業務を進め、部下を教育・支援する立場であることへの負担。部下への伝え方・助言の仕方などに自信がない。自身の業務も多忙を極め、直接利用者やその家族・関係者とかかわる場面が少なくて、すべてを把握できているとは思えないと孤独感・孤立感も感じている。中間管理職への心理面でのサポート体制が望まれる。

表3-2 共感疲労に至る小表札の発話内容

小表札	発話内容
利用者との対応場面でのストレス	・新人の頃、利用者への接し方がわからず、攻撃的な発言をされたときに謝ることしかできずストレスだった。(A1) ・利用者の話に頷きながらも次の業務を考えている自分に不安を感じる。(A4) ・夜間の急変対応に、いつ呼び出されるかわからない業務は大きなストレス。(B7) ・試行錯誤して利用者とかかわっても、うまくいかないことが続くとつらい。(C28) ・帰宅願望への対処で、説明しても理解されないことが多く、気をそらすように対応することがストレスになる。(D3) ・専門職として利用者の自己決定を尊重するうえでのジレンマ。後悔と自責の念。(G16) ・認知症とわかっていても、過剰な暴言や暴力には耐えられない。(H4)
家族との間に立って悲しい・悔しい気持ち	・医療対応への不信感の強い家族とのやりとりで疲れ果てた。(B17) ・家族の介護への思いが強く、感情的に詰め寄られると専門職として否定された気持ちになる。(C6) ・新人の頃、普通に笑顔で視覚障害のある利用者と対応していたら、「見えないと思ってバカにしている」と家族から苦情が入り、受け止め方のギャップに悩んだ。(F4) ・本来の業務を超える要求を強く突きつける家族には困る。(G6) ・家族と本人の気持ちや方向性が違うと調整に悩む。(I9)
職種間連携に関するストレス	・医療との調整にはウエイトを割いている。気をつけて対応しないといけない。(B14) ・自分が新人の頃は、カンファレンスで医務・栄養士対介護職という感じでうまく連携が取れずつらかった。(C36) ・医務ともう少し上手に連携したい。(D16) ・24時間体制でかかわる介護職が一番利用者の変化に気づきやすいと思うが、上司も医務室も聞いてくれない。(E33) ・援助のあり方に対する事業所間のスタンスの違いが大き過ぎると情けなくなる。(G19) ・介護職とのやりとりでは、立場の違いからストレスを感じることがある。(H5) ・同僚と利用者のことについて意見が異なると「その利用者を一番知っているのは私」ということでトラブルになった。若かったから、自分で振り返るということもしなかった。(I7)
職場の人間関係・連携への不満	・利用者や家族には、相手がわかる言葉で伝えてほしい。(A6) ・入職当初はスタッフとの関係づくりから入らないといけなかった。難しいという思いがあった。(B19) ・ターミナルケアなどで職員間の考え方の違いを痛感すると、同じ方向に向かっていっしょにケアできないのがもどかしい。(C29) ・新人とのジェネレーションギャップを感じる。自分が先輩から教えてもらったやり方ではダメだと思う。(D10) ・アドバイスしても噛み合わない・理解してもらえない。(F8) ・一番疲れるのは職場の人間関係が悪いとき。(H13) ・職員が定着せず人手不足感が強いと職場がピリピリする。(H14)

小表札	発話内容
医療への不満	・利用者本位の考え方と医師の判断との間の齟齬に悩む。(B10) ・外部の病院に入院中、医師の説明の仕方が理不尽で家族が傷つく。後から家族へのサポートをしている。(B11) ・糖尿病の利用者の食べたい欲求と治療食との折り合いで、医務とうまく連携できないことがストレス。(C32) ・栄養・医療の専門性はかなわないけど、一番傍らにいるのは私たちという自負があり、傷つく。(C34) ・医師の考えは理解できても、本人の気持ちを大切にしたい。いいたいことをぐっとこらえるつらさがある。(C35)
職務・労務管理への不満	・仮眠も取れない夜勤体制では身体的にもきつい。(B28) ・職場の相談室に頼る気はない。聞くだけ。(D23) ・一つの職場しか知らないとスキルアップできない。(E24) ・苦情が来たとき具体的な助言をもらえない。(F5) ・経験者が話を聞いて共感してくれると助かったと思うが、当時は誰もいなかった。(J21)
自分の立ち位置について考えたこと	・家族に対して利用者の正しい情報が伝えられているか不安。(A5) ・利用者や家族とかかわる期間が長いので、ほかの職種とは違うと思う。(B24) ・正しい家族からの指摘は納得できる。(D17) ・家族は遠慮して、本心を隠しているのではないかと申し訳なく思う。(D18) ・利用者家族からの理不尽な要求への対処にすごいストレスを感じたが、最終的には自己の業務の再確認ができた。(G8) ・利用者や家族の状況変化から、自分の役割が再確認できた。(J25)
職務・労務管理への要望	・対応法に困ったときは上司と話し合うが、心情的な支えもほしい。(B5) ・研修に行きほかの事業所の人と交流すると業務の見直しができる。(C38) ・キャリアアップのためにほかの部署・事業所へ異動させてほしい。(E34) ・愚痴がいえる先輩がいるだけで楽になる。(F6)
管理職としてのつらさ	・根拠を説明できないスタッフへのもどかしさがある。(A9) ・自分の思いをスタッフに伝えられない管理職としてのしんどさを感じる。(A11) ・いろんな職員がいる。自分の伝え方が悪いから伝わらないと思っている。(A14) ・孤独な職業。共感してくれる職員が少ない。いっしょに考える場があるといいと思う。(B32) ・自分が現場で直接利用者や家族とかかわれない立場がストレスになる。(C18) ・管理職として具体的なアドバイスができない自分がもどかしい。(C19) ・立場上リーダーシップを取っているが、周囲から見たらどのように映っているかプレッシャーに感じる。(D5) ・管理職になる前のほうが気分的には楽に仕事ができた。(D6) ・スーパーバイザーとして新人ケアマネを支援したかったが、本人のつまずき・しんどいところが正確に理解できず、本人に自己決定を迫り泣かせてしまった。反省している。(G26) ・スタッフの退職と絡むと悩みながらのしんどい仕事。(H39)

以上9の小表札からなる〔援助者としてのストレス〕と〔職業人としてのストレス〕が適切に軽減・解消・解決されずに蓄積されると、もっとも疲れを感じる状況【共感疲労】に至ると仮説を立てた。共感疲労は、『切実に仕事がつらい・退職を考える』援助者としての限界に向き合う内容（表3-3）であった。具体的な発話内容については表3-4に示す。

ここまで通観してきた内容は、先行研究にも見られたとおり、利用者とかかわる場面での援助職者の共感疲労が顕現化していることをうかがわせるものであった。またそれだけではなく、利用者を支援する施設・機関内の他職種との間で、あるいは同職種同士の間においても、その人の立ち位置によって、職業人としてのストレスが存在することも明瞭になった。

表3-3　共感疲労の内容

小表札	具体的な内容
切実に仕事がつらい・退職を考える	業務を行うなかでもっとも疲れを感じる場面については、何か特定の出来事があってというより、利用者や関係者とのやりとりや援助のなかでの些細なストレスや傷つき体験・疲れの積み重ねが、セルフコントロールの許容量を超えた際であるという。自身の仕事でのストレス許容量を超えそうな状況になった際には、幾度となく退職・しばらく仕事を休みたいと感じることがあると話している。 また自身のストレスには気づかずに、身体症状が出たことで医療機関を受診した際に「ストレスが蓄積しているのでは？」との指摘をされたという発話もあった。

表3-4　共感疲労の発話内容

小表札	発話内容
切実に仕事がつらい・退職を考える	・緊急呼び出しが重なり心身ともに疲れると仕事を辞めたくなる。(B8) ・職場を離れたところで相談相手がおらずつらい。(B33) ・心理的にしんどいときには幾度となく退職を考える。(C23) ・認知症の対応など、日頃の些細な積み重ねとプライベートでしんどいことが重なると自分の容量がオーバーし、仕事を辞めたいと思う。(D19) ・自分は上手にストレスを発散する方だと思っていたが、身体症状が出ると疲れていたんだと思う。(E8) ・いまは仕事は楽しくない。しんどいほうが勝っている。(E22) ・ずっと施設にいたら息が詰まりそう。(F16) ・仕事を辞めたい・しばらく休みたいと思ったことは何度もある。(I19)

また、ここまでの発話内容に関しては、どちらかといえばネガティブなものも含まれてはいるが、支援者のかかわりは決してそこで終わっているわけ

ではない。それらを乗り越える努力の先には、ある種の満足も見られることが看取された。その点については、以下の【共感満足に至ると考えられる因子】として集約して説明する。

利用者やその家族・同僚・関連職者とのやりとりのなかで感じる精神的ストレスや傷つき体験を乗り越える方策については、〔職場の支え〕と〔自己覚知による学びと自己理解〕と〔それぞれの対処法〕に大別された。

さらに、〔職場の支え〕については『職場の人間関係・連携での前向き意見』と『福祉職へのエール』と『上司への満足感と支え』と『医務から介護職への提案』に、〔自己覚知による学びと自己理解〕は『前向きにがんばろうと思うこと』と『管理職としての学び』と『振り返りによる発見』と『学びによる自己覚知』に、〔それぞれの対処法〕については『他者に話をすることによる発散』と『気分転換や趣味による解決策』と『オン・オフの切りかえ』と『研修・主体的学習による解決』に、それぞれ分類できた。

12の小表札の具体的な内容について表3-5に、各小表札の発話内容について表3-6に示す。

表3-5 共感満足に至ると考えられる小表札の内容

小表札	具体的な内容
職場の人間関係・連携での前向き意見	職場内の人間関係がいいと、そもそもストレスは低減される。職場内に自分のつらい気持ちやアンビバレントな感情体験を理解・共有してくれる存在があり、情緒的にサポートされることで、自分一人ではない、ともにがんばれる体制をつくっていこうという気持ちになれる。つらい体験をサポートし合う過程で、いっそう職場内の人間関係が好転するとコミュニケーションが進展し、仕事上の連携や業務達成もうまく機能する。
福祉職へのエール	福祉・介護職への一般的な見方は「きつい仕事」といったネガティブなものが多いが、自己の仕事に対する基本的スタンスとして、高齢者福祉施設での仕事に対する強い自尊感情をもっている。そもそも自分の意思で就いた職業であり、仕事のすばらしさや価値を自覚し、それらを心の支えにして仕事に臨む姿がうかがえる。
上司への満足感と支え	話を聞いてくれる、ともに考えてくれる上司の存在は大きな支えとなる。困ったことが起きても、上司という後ろ盾があるから大丈夫という安心感をもって仕事に臨める。定期・不定期にスーパービジョンの機会が設定されることで、つらい体験に対して前向きに向き合うことが可能となる。 上司は管理者であるとともに、自分たちを見守っていてくれる存在でもある。そういった上司への期待が、上司にとっては重い責任感としてストレスになる場合もあるかもしれない。

小表札	具体的な内容
医務から介護職への提案	介護職員・相談員は医療対応でストレスをかかえているが、医務からの提案として医学知識の充実とともに、伝え方・報告の仕方の工夫によって利用者やその家族・医務サイドとのよい連携につながるのではないかという意見がある。双方で率直に話し合い適切な解決策を講じることで、医療対応に伴う介護職員・相談員のストレスは低減されると考えられる。
前向きにがんばろうと思うこと	さまざまな対応場面では傷つき体験に至ることもあるが、難しいケースほど終結時に好転すると、それは仕事継続へのインセンティブや大きな自信につながる。日頃のかかわりの場面で、些細なことでも意思の疎通がうまくいき、温かな感情の交流を経験することは、援助者にとって大きな喜びとなり「またがんばろう」という仕事継続への動機づけとなる。また同僚から相談されることは大変な反面、「自分が信頼されている」という証とも感じられ、仕事を継続していくうえでのプラスのストロークに働く。
管理職としての学び	管理職に就いたことで業務量や責任が拡大しストレスが増える一方、部下とのやりとりや調整業務のなかでの人間関係に試行錯誤するなかから、自身の学びや気づきなど自己の成長につながる機会を得ている。特に新人指導や部下の教育を通してさまざまな発見をする機会が多い。チームの信頼関係の形成に重点をおき、チームメンバーの個性を考慮した対応の技法を磨くことで、自身の援助者としてのスキルもアップしている。
振り返りによる発見	つらい体験、苦しいことはさまざまあっても、それを糧にして現在の自己の成長がある。いまだから別の解釈ができる。時には仕事を離れて客観的に自己を振り返ることで、仕切り直しのよい契機ともなる。自分の立場が変化することで、視野が広がり考察も深まる。現職者がいつでもスーパービジョンを受けられるような体制が確立されると、援助者はストレスが軽減され「介護うつ」も低減するのかもしれない。
学びによる自己覚知	意図的な行動かどうかは別として、恩師・同業者・専門家などに相談し、多角的な視点から適切な助言や情緒的なサポートを得ることで、自己を客観視して課題を明確化し、気持ちを切りかえてつらい現状を乗り越えている。逆説的には、「体験」を「経験」に変えるための専門家による支援者支援が必要である。
他者に話をすることによる発散	問題解決に至らなくても、職場の同僚や上司に話を聞いてもらうことで楽になる。介護福祉の世界に一定の理解がある友人や家族に話を聞いてもらうことでもストレスは軽減する。気持ちが切りかわり、明日もがんばろうという気持ちになれる。さまざまなソーシャルサポートの機会を得ることで感情のカタルシスが可能となる。
気分転換や趣味による解決	それぞれの趣味を活用して気分転換を図ることで気持ちを切りかえている。施設内ではほかの同僚の目が気になるが、業務で外出すると気分転換が図れるという発話もある。目先を変えてリフレッシュし、自己の感情の整理を行うことで気持ちを前向きに高揚させている。一見すると一時しのぎの解決策のようにもとれるが、客観的な振り返りの契機となる機会ともいえる。落ち込んだ際に愛読書をくり返し読むことで、自分の苦しさはちっぽけなものと気持ちを整理しているという発話もあった。
オン・オフの切りかえ	仕事のことは職場でのみ考える。職場を出たら別の世界観で生きる。気分の切りかえを上手に行うことで感情コントロールを行っている。一定以上は考えない・思いつめないことでメンタル面での均衡を保っている。気持ちのうえで区切りをつけることで感情疲労の蓄積が回避されるのかもしれない。

小表札	具体的な内容
研修・主体的学習による解決	最初は研修やスーパービジョンを受けることにあまり意味を感じなかったが、それがきっかけとなって発見があり視点が変化し、よい刺激となって仕事継続の意欲につながる。研修を通して知り合った同業者とのつながりが、その後の財産となる場合もある。対人援助職者の研修では、講演を聞くといった受動的な研修より、グループワークやディスカッションなどを交えた演習形式の研修のほうが効果は大きいと思われる。

表3-6 共感満足に至ると考えられる小表札での発話内容

小表札	発話内容
職場の人間関係・連携での前向き意見	・しんどいときはしんどい、わからないことはわからないといっていい、といわれたことが大きな転機となった。(A20) ・職場の人間関係がよいとストレスなくやりとりができる。(B20) ・解決策は見つからなくてもわかってくれる人がいるだけで救われる。(C11) ・難ケースはかかわった人間で解決する。(G9) ・早い段階で専門医につなげることで好転する。(H38) ・つらい体験は専門職としての成長や自信につながる。(I13)
福祉職へのエール	・世間では介護の仕事は大変といわれるが、楽な仕事はない。固定観念で物をいわれるのは理不尽。(D25) ・自分なりにプライドをもって仕事をしている。(E27) ・いろんな人に出会える。自分の価値観も広がる仕事。(F19) ・将来自分が高齢者になったとき、親への対応の参考になる仕事。(F20) ・福祉機器の導入が提唱されている。もっと進めるべき。(H36)
上司への満足感と支え	・上司が月に1度は話を聞いてくれる。大きな後ろ盾があり、自分は支えられていると感じる。(A17) ・上司は相談するとちゃんといっしょに考えてくれるので安心。(D14) ・上司の配置が大きな安心感につながる。(H18)
医務から介護職への提案	・介護職は利用者に近い分、感情に巻き込まれやすい。客観的な視点が必要。(H1) ・利用者家族への説明能力をあげると家族の不安もやわらぐ。(H10) ・最悪のリスクは伝えるべきだが、伝え方に工夫が必要。介護職は真っ直ぐいってしまう。(H12)
前向きにがんばろうと思うこと	・人が笑顔になったりうれしい感情の応酬が自分の仕事継続の動機づけになる。(A26) ・難ケースを相談されるとしんどいが、ケースがうまくいくとうれしく仕事が続けられる。(B31) ・しんどいなかでもちょっとうれしい感情の交流があると、明日もがんばれると思う。(C27) ・意思が通じる・交流できるともう少しがんばろうと思う。(D9) ・同僚から相談されるとうれしい。それが仕事継続のモチベーションになる。(H23) ・対応場面ではイラつくこともあるが、経験を重ねることで成長しトレーニングされ巻き込まれなくなる。(I14)

小表札	発話内容
管理職としての学び	・すべてを把握することは無理。自分の考えや思いを十二分に理解してもらえるよう表現力を磨くことが大切。(A21) ・しんどいときにはそれを表出してもらえるようなかかわりを、部下と取れるよう心がけている。(A22) ・普段からの人間関係が大切で、自分から声をかけたら相手も声をかけてくれる。自分がプラスストロークしたら相手もプラスストロークをしてくれる。(A28) ・部下の個性を考慮して、その人に響く伝え方を考える。(C12) ・新人指導は自分自身を見直すよい機会になる。(E29) ・背中を見て学べ、は通用しない。マニュアルをつくって説明している。(H27) ・ベースの人間関係ができていると連携は機能する。(H33) ・難ケースではヘルパーに同行して、ヘルパー一人にしんどい思いをさせないようにした。当該ケースの家族との信頼関係づくりに努め問題が解決した。(I12)
振り返りによる発見	・自分が新人の頃は上司の仕事がよくわからず、純粋に利用者のためだけを考えてどんどん提案していた。(C16) ・しんどいときは独りよがりだった、自分の思い込みだったと発見がある。(C25) ・資格職で生活力をつけたかった。何かあっても自分で食べていける。(D27) ・難ケースは関係者がつくるということを発見した。初期対応が拙かった。(G7) ・経験を積むと、自分でないとダメという驕りたかぶる感情を職場でももつようになった。(I5) ・本当に休みたいときは休んで気分転換することが大切。産休・育休で休業したことが大きい。(I20) ・いまならもっと感情移入し過ぎて苦しくなっていたと思う。(J12)
学びによる自己覚知	・教えや助言を受けることで視点が変わる。(E21) ・管理者の集まりで気持ちの整理や消化をしている。(G22) ・心理相談員のスーパービジョンを受けることで、距離の取り方、感情移入についてもスーパーバイズを受けられる。(H41) ・学ぶことで自分の感情を解決してきた。(I4) ・同業者や大学の先生に気持ちを言語化することで消化できた。聞いてもらって楽になるだけではなく、科学的な根拠や知識が得られてスッキリした。(I8)
他者に話をすることによる発散	・しんどいときは上司にいってスッキリする。(A18) ・同じ業界にいる友人が話し相手。(B34) ・嫌なことがあったときには職場の同僚に聞いてもらうと楽になる。(C20) ・ホントに理解してくれる人が職場にいる。(C21) ・職場や家族に愚痴ってガス抜きをする。(D21) ・家族は自分の気持ちを否定せず聞いてくれる。同意も与えてくれる。(E18) ・仕事のストレスは帰宅後、家族に話すと楽になる。(F21) ・家族は介護の世界もわかるので、夫婦の時間では聞いてもらうと楽になる。(G25) ・嫌なことがあったときは職場の同僚に聞いてもらうと楽になる。(H24) ・つらい気持ちは事業所や同僚、関係者に包み隠さず聞いてもらう。(J8)
気分転換や趣味による解決	・趣味のドライブや映画鑑賞で気分転換する。(A24) ・仕事のストレスが溜まるとゲームなど好きなことに没頭する。(B26) ・ストレス解消は友達と音楽を聞きながらお酒を飲む。(E9) ・気分転換はプライベートでテレビを見て思いっきり笑ったり泣いたり。(F12)

小表札	発話内容
気分転換や趣味による解決	・退勤したら全力で遊ぶ。(G23) ・自分の気持ちが落ち着くことを日頃から見つけておく。(I21) ・自然にふれることが好きなので、山歩きやガーデニングなどで乗り越える。(I22) ・本当にしんどい、つらいときは大きな声で歌って発散した。(J9) ・気持ちを切りかえるために外出を心がける。(J23)
オン・オフの切りかえ	・休みの日には仕事のことは考えないと決めている。(C22) ・職場を出たらオン・オフを切りかえる。(D22) ・仕事は退勤時に区切る。帰ったら日常生活のなかでオン・オフをつける。(G11) ・自宅に仕事は持ち込まない。(H25)
研修・主体的学習による解決	・研修に行って刺激を受けるとモチベーションが上がる。(C39) ・研修に行くと成果がある。(C40) ・スーパービジョンを受けることで気づきや発見につながる。(I15)

 以上12の小表札からなる〔職場の支え〕と〔自己覚知による学びと自己理解〕と〔それぞれの対処法〕を活用することで傷つき体験が癒され、つらい気持ちを乗り越え、自己の成長や自信回復につなげ、仕事継続への糧となる【共感満足（ワーク・エンゲイジメント）】に至ると仮説を立てた。

 ここで析出されてきた共感満足の内容は、就労を継続するうえでの要因が何かを示唆する内容（表3-7）であった。具体的な発話内容は表3-8に示す。

表3-7　共感満足（ワーク・エンゲイジメント）に至ると思われる内容

小表札	具体的な内容
仕事の喜び	利用者や同僚からの信頼を得ることができたり、難ケースが解決されると仕事継続のモチベーションが上がり、仕事が楽しいと感じられてくる。認知症の人とのかかわりはストレスフルでもある反面、よい反応が得られたり自分のことを気づかってくれるなどの感情の交流が実感できると、介護する喜びや自信につながる。つまり、つらい「体験」は援助者としての成長につながる学びの「経験」に変化する可能性を秘めている。援助者の気持ちの安定が利用者の心の安定に反映され、相互作用のプロセスを通して仕事の喜びへと変化していく。

表3-8　共感満足（ワーク・エンゲイジメント）に至ると思われる発話内容

小表札	発話内容
仕事の喜び	・関係者との感謝の応酬が職務遂行の喜びにつながる。(A25) ・ケース終了後に「いい介護してもらってありがとう」といわれると、いい実践ができたと励みになる。(B22) ・認知症の人が声かけに反応したり、休み明けに「どうしてたんや?」と声をかけてくれるとうれしい。(C26)

小表札	発話内容
仕事の喜び	・認知症の利用者と意思の疎通ができ、笑顔が共有できると仕事が楽しい、うれしいと思える。(D8) ・仕事は好きで、介護するのは苦じゃない。お年寄りとのやりとりはすごく楽しい。(E13) ・上手な対応場面に出くわすとうれしいし学べる。(G29) ・人生の最期に笑顔でありがとうといわれると、ジーンときて自分の支えになる。(G30) ・相談員の仕事は100のうち99はしんどい。残りの1場面に出くわすと、それまでの苦労は報われる。(G31) ・いまは単純に仕事が楽しい。利用者からの信頼を得て、指名で相談してくれることが喜び。自分が信用されていると思う。(H22) ・ケース終了後に立ち寄って会いに来てくれるとうれしいし励みになる。(I23)

以上23の小表札と9つの中表札から『高齢者介護福祉施設における共感疲労に陥らないためのサポートシステムの解明』へと収束していったストーリー化のプロセスについて、以下に述べる。

高齢者介護福祉現場で従事する介護職員・相談員らの職務の大半は、利用者やその関係者とのコミュニケーションを抜きにしては成り立たない。さまざまな価値観や生活歴を有する利用者やその家族とのかかわりにおいて、援助者としてあるべき姿勢、すなわち利用者の権利や尊厳を守るということを遵守しながら対人援助にあたっている。

しかしながら利用者とのかかわりの場面では、多忙を極める現場において、利用者の希望やニーズを第一に尊重して援助にあたれないもどかしさや申し訳なさを感じる場面が多い。利用者やその家族のなかには、本来の業務とはかけ離れた要望を援助者に求める人もいる。援助者として、また一職業人としてどのように対応するのか、場面ごとに苦慮し感情労働を迫られている。

認知症のためにニーズを汲み取りにくい利用者の対応では、あの手この手で創意工夫をしてみても暴言や介護への抵抗が強く、感情的に疲弊する場面もある。認知症の症状と頭では理解していても、現実に目の前にいる利用者に対して「なぜ自分がこのような目に合うのか?」「どうしたらわかってくれるの?」と自問する。

利用者の安全を守るために何らかの対応を迫られ、自分が行いたいケアとは違っていても、結果的にその場しのぎの対応を選択することで、援助者は

心の内で「本当に自分が望んでやっている仕事か?」といった不全感や不一致に陥る（中澤2012：64）こともしばしばある。

　介護現場では時間をかけてよい援助関係を形成しつつケアにあたるべきなのに、山積する業務に押し流されている自分自身を責める気持ちもある。一方、目の前の利用者の対応をしながら次の業務のことを考えている自分が怖い場合もある。

　新人の頃には利用者中心に一生懸命改善策を上司に訴えてきたが、勤務年数を重ねるなかで「いっても無駄。現状は変わらないから何もいわなくなった」という援助者もいた。

　人によっても、その日の体調によっても同じ対応法が通じないことが多いケア現場は再現性に乏しく、その場での創意工夫が迫られる。相談したいときに相談する同僚がいない、相談しても自分の意図を汲み取って適切な助言をくれる上司の不在は、援助者の疲弊を積もらせる。

　利用者家族との対応場面では、本人の意思と家族の思いがそぐわない場合に、中立的な立場でかかわる難しさも経験している。援助者が利用者本人への思い入れが強いと、間に立って悲しい・悔しい気持ちに至る場面もしばしばある。

　また、利用者への介護をしっかりしてきた家族ほど経年変化による利用者の現況を受け入れられず、介護方法の変更を納得できずに感情的に迫る場面もある。すると自己の専門性が否定されたような気持ちになる傷つき体験をする。

　さらに、ターミナルケアについて事前に話し合いが十分できていないと、体調変化や急変に伴う医療対応場面で苦慮している。

　他部門との連携や調整においては、特に対外的な医療機関や事業所内の医務部門との連携場面で、もっと利用者や家族の思いにそった対応ができないものかというもどかしさを感じている。カンファレンス場面でも、専門性の強い医療職には、医療的な問題に関してはいいたいことが伝えられない。利用者の気持ちの代弁者であるべき立場なのに、その気持ちを伝えきれないもどかしさがある。

　治療食の按配や経管栄養への切りかえの選択場面では、援助者は医学的な

見地より利用者の思いにそったケア方法を第一に考えるようである。一方医療サイドには、利用者に一番近い介護職は利用者の感情に巻き込まれやすい、もっと医療知識を充実させて的確な報告をしてほしい、との要望もある。

また管理職となると、そのことで業務や責任は拡大するが、自分がその役割を全うできているのか、他者からはどのように見られているのかに、プレッシャーやストレスを感じている。管理職になる前のほうが楽しく仕事ができたという意見もあった。利用者との直接的なかかわりが減った分、現場が把握しきれない。部下を介して現場を運営していくなかで、部下との関係づくりや指示の出し方、アドバイスの仕方に苦慮している。孤独感や孤立感にさいなまれることもある。

こういった対利用者やその家族、同僚や関係者とのやりとりの場面で日々小さな傷つき体験やストレスを蓄積させていくなかで、本来援助者として「利用者に気持ちよく安全に過ごしていただくようかかわる」という感情規則と、現場で感じている自身のアンビバレントな気持ちが、共感疲労につながっていくのではないだろうか。

自分のキャパシティを超えたストレスの蓄積を感知すると、「仕事がつらい・退職したい」と考えるようになる。よって〔援助者としてのストレス〕と〔職業人としてのストレス〕が〔共感疲労〕に至る因子につながる、と解釈した。

援助者たちは日々ストレスにさらされながらも、自らストレス解消に努めている側面もある。しんどいときの対処法として、次のようなものがあった。

他者に話を聞いてもらうことで気持ちを軽くする。相談することで視点を変える。趣味や気分転換による気持ちの切りかえを意識的に行う。しんどいことがあっても職場を出たら仕事のことは考えずに切り離す。問題解決のための学習をする。振り返って客観的に検証し別の見解を発見・自己覚知の契機とする――。こうしたことで乗り越える努力をしている。

インタビューでは、そもそも「人の役に立つ仕事をしたかった」「専門職として自立できる」など本人の強い志向性からこの仕事に就いた人が多く、自身の仕事に対する揺ぎないアイデンティティがベースに存在する。

それに加えて、つらいときに支えてもらえる職場の同僚や上司の存在は、

援助者への強い支援体制となる。つらいときにつらいといえる、困ったときに助けてもらえる仲間の存在が援助者の安心感につながり、困難なケースやつらい気持ちに向き合い乗り越えていこうという後押しになる。

さらに、対応に苦慮している医療職からも、ともに学び話し合うなかから、よりよい連携の構築に向けて福祉職への具体的な提案もある。

管理職として職責は重い反面、管理職としてのつらい体験や失敗から学ぶことも多く、学びを糧にしてその後のリーダーとしての力量アップにつなげている。さまざまな職場の支援体制は、適切な助言や専門的なサポートによって自己を客観的に振り返る機会ともなり、内省から自己の課題を明確化し、再び前向きにがんばれる後押しにもなる。

また、家族や友人などに話を聞いてもらい、問題は解決しなくても情緒的なサポートを得ることで気持ちは安定し前向きに考えられる、などの意見も散見された。うまく気持ちを切りかえられる方法を普段から見つけておくことで、行き詰まって追い詰められる事態は回避されている。

さらに、主体的に研修会に参加することで、新たな知見や人との出会いを通して問題解決が図られることもある。特に演習系の研修会では、同業者の客観的な意見を聞くことや専門家の助言が有効なようである。

つらい経験は気持ちを疲弊させる一方、難ケースでの対応がうまくいった、認知症でかかわりが難しかった利用者と感情の交流が得られた、同僚や上司・関係者の支えを実感した、などを通して仕事継続へのインセンティブが高揚することも事実である。

つまりつらい体験は、適切な支援（サポート）を得ることで援助者自身の専門職としての成長につながるのである。「仕事をしていてよかった」と思えるのは、関係者間での感謝の応酬や難ケースの好転である。〔職場の支え〕・〔自己覚知による学びと自己理解〕・〔それぞれの対処法〕といった要因がうまく機能することで〔共感疲労〕に陥らず、逆にそれを回避して〔共感満足やワーク・エンゲイジメント（仕事の喜び）〕に至ることが可能になる、と解釈された。

3-4　支援者支援への具体的対応策と研究課題

　高齢者介護福祉施設の介護職員や相談員らは、関係者とのかかわり抜きに業務が成立しない。言語を中心とするコミュニケーションにおいて、円滑な信頼関係・援助関係の形成をめざして業務を展開している。

　援助者には福祉・介護サービス利用者の安全、人としての尊厳を最大限守る使命がある。しかしながら日頃の些細なやりとりのなかに、援助者自身の専門性や人間性を否定されかねないような場面もある。

　「利用者に不快な思いをさせない・不安にさせない・優しく親切に・チーム内での和を乱さない」といった専門職としての職業規範は、感情規則として援助者の言動に縛りをかける。なかには利用者本人の生活支援とは無関係の家族の用事を言いつけるなど、本来の業務とかけ離れた要求を突きつけられる場面もある。

　一方で、業務繁忙や現場の人手不足感といった事情によって、援助者自らが自己の専門職としての価値観や倫理観と相反する状況におかれ、自分の本心とは違う部分で感情労働を余儀なくされる現状にあることが、本調査によって明らかになった。援助者が感じるストレスは専門性にかかわる〔援助者としてのストレス〕と、就業の継続にかかわる〔職業人としてのストレス〕に大別できた。

　援助関係の場面は、時間経過のなかでリアルタイムに進行する。そのときどきに変化する利用者の状況に合わせて即応し、継続的にくり返しかかわることが要求される。認知症などがあると、いまうまく対応できたことが次の瞬間には通用しないこともしばしば見られる。

　つまり、ケアにおける業務内容は一部のルーティン業務を除いて再現性に乏しく、マニュアル化するには一定の限界がある。だからこそ対人援助職の養成課程では現場での実習教育が重視される。

　プリセプターなど新人教育・研修体制が整備されてきてはいるが、現任者一般への支援者支援のための教育研修体制が十二分に確立されているわけではない。スーパービジョンを受ける機会や体制が、対人援助職すべての人に

開かれているわけでもない。だからこそ、共感疲労に陥ってバーンアウトし、離職や休職に追い込まれたり、援助者自らの意とは異なる虐待事件に発展したりする契機が生じるのかもしれない。

職場内でスーパービジョンが機能するよう、人員や人財の蓄積が望まれる。管理職がスーパーバイザーの機能を果たせていないことが、管理職自身のストレスにもつながる。

利用者の健康状態の変化に対して、医療職と対等に適切な連携がとりづらいという状況の背景には、専門職としての養成教育体制にも課題がある。

医学的な知識の不足は的確な健康状況の把握や観察に支障を来し、利用者の意思を大切にしたいという支援者の思いは、しばしば医療関係者との間で齟齬を来す。経年変化した利用者へのケア方法について、家族から説明を求められても納得してもらえるような説明ができず、自己の専門性が否定された傷つき体験として記憶に留める援助者もいる。

支援者自身も、関係者との報告・連絡・相談といった言語化による表現方法の工夫が必要であると感じている。さまざまな価値観や背景をもつ関係者とのやりとりでは、専門知識の活用のみならず高度なコミュニケーション・スキルやアカウンタビリティが求められる。

基礎資格として多くの相談員が有する社会福祉士の養成教育カリキュラムにおいては、新カリキュラムでソーシャルワーク演習の指定科目時間数が大幅に増加され、さまざまな社会福祉相談援助技術を身につけるための具体的な演習科目が設定されている。

一方、基礎資格として多くの介護職員が有する介護福祉士やホームヘルパー養成研修（介護初任者研修）や実務者研修では、「社会福祉援助技術」や「共感的理解と基本的態度の形成」といった科目は早くに姿を消している。介護福祉士養成課程カリキュラム・実務者研修では「コミュニケーション技術」という科目名でカリキュラムが構成されているが、主に利用者との直接援助場面での利用者理解のためのコミュニケーションが中心で、家族や関係者との具体的なコミュニケーション技術については詳述されていない。

利用者や家族は時代とともに変化し、医療ニーズも増大するなかで、現場の人手不足は改善されない。介護職員の教育背景はさまざまであり、職種や

キャリアに応じたきめの細かい現任研修が必要である。体験から学び、専門職としての成長に変える教育が必要である。

また現在の介護福祉士の養成課程では、「介護過程」が大きな時間数を占め、根拠にもとづく科学的な介護実践と介護の言語化を重視しているが、実際の現場では介護の理論化以前に、関係者との説明の場での言語化の課題が大きい。介護の理論化は大切なことではあるが、「介護過程」の演習ではペーパークライアントに対するケアプラン作成演習が中心で、さまざまな利用者がいる生きた現場ではその技術が通用しないことも多い。臨機応変に目の前の現場に対応するスキルは独自に学ぶか、スーパーバイザーや先輩からの助言が必要である。

介護職員には他業種からの転職者も多く、研修体制が整っている事業所では離職率が低いとの報告（柏原2013：26）もある。事業所での研修実施状況は格差が大きく、その大半は社会福祉士・介護支援専門員の資格取得支援である。現場での介護実践に対する言語化、科学的な根拠を検討するなど演習系の研修機会は少ない。

伝え方は体験を積むなかで一定程度のスキルアップはしても、経験から学び専門職としての成長へと昇華させる作業やスーパーバイズが必要である。キャリアを重ねるなかで、知識や技術を継続的に磨いていくという生涯教育研修が求められる。日本社会福祉士会や日本介護福祉士会では生涯研修プログラムが策定され実施されているが、きめ細かなキャリア・職種・職位に応じた継続的な研修が望まれる。

本調査でも、管理職やスーパーバイザー経験者には固有の苦悩があった。また介護職から相談員への職種変更に伴う苦労や、新人の頃と現在では感じるストレスが異なるという発話が多く見られた。

研修に参加することで刺激を受け、新しい知識を得てリフレッシュできるという発話がある。講義系より事例検討やスーパービジョンなど演習系の研修のほうが自己洞察を深める機会になり、またそこでいっしょに演習したメンバーがその後の自身のサポーターになるという副産物もある、と述べている。自己覚知や自己理解が深まる研修と、現場の援助者らに研修やスーパービジョンへ参加する機会の保障が望まれる。

本調査では、援助者らは多くの傷つき体験やストレスを感じながらも、そのまま〔共感疲労〕に陥らずに対処していることがわかった。共感疲労からの立ち上がりに必要なのは、〔職場の支え〕・〔自己覚知による学びと自己理解〕・〔それぞれの対処法〕であった。

　つらいときには、それぞれの対処法で積極的に気分転換を図っている。しかも、一時的につらい気持ちを封印するだけではなく、落ち着いて自身を振り返り自己洞察している。もともと人の役に立ちたいと思ってこの仕事を選んだ人が多く、仕事に対する自尊感情も高くて仕事が嫌なわけではない。思うように仕事ができない、うまくいかないのは労働環境や条件のせいのみならず、自己の知識や技術不足があると謙虚に省察する人が多い。誰かに聞いてもらって整理し自己点検する時間とゆとりが必要である。

　職場を出たら仕事のことは考えないという切りかえ上手がいる一方で、身体症状が出て病院を受診し、「ストレスでは？」と医師から指摘されて自身が受けているストレスの強さに気づいた人もいた。感情労働による疲弊の蓄積を早めに自己チェックするための尺度の開発が求められる。

　つらい体験が自らを成長させる契機となり、仕事をがんばったことへの「報酬」ととらえているという解釈も成立した。感情労働による疲弊が適切な支援体制によって［共感満足］につながる可能性がある。それには職場での組織的な取り組みや、さまざまなソーシャルサポートを活用した支援体制が必要である。

　その一歩として、支援ツールの開発が今後の課題である。支援者らがおかれている現状でのつらい気持ちを整理し言語化することで、客観化と課題の明確化につなげ、自己覚知や自己理解を深めてレジリエンスを高めることが望まれる。

　同僚・上司といった職場の支えや、関係者・友人・家族などのソーシャルサポートを活用しつつ自己覚知や自己理解を深め、つらい体験であった難ケースが好転したり、認知症の利用者との意思の疎通が図れ関係者との感謝の応酬が得られたりすることが、「仕事の喜び」や「充実感」につながっていく。つらい体験が自らを成長させる契機となり、仕事をがんばったことへの「報酬」ととらえている。

つまり、感情労働による疲弊が適切な支援体制によって〔共感満足〕につながる可能性があることを、本調査は示唆している。自分の背後で見守っている人がいて、その人が話を聞いて整理し共感的理解を示す瞬間があれば、援助者は支持・支援する人が存在することを実感できる。そうした職場での組織的な取り組みや、さまざまなソーシャルサポートを活用した支援体制と職場環境の整備が必要である。

　本調査は10名の対人援助職者に対するインタビュー調査であり、調査結果にはインタビュー対象者の個別の背景や事情が反映されている可能性がある。また本調査で得られた仮説を一般化するには限界がある。今後補足の検証作業が必要であろう。また本仮説検証のためには、ほかの研究方法を組み合わせるなど多様な視点と方向からの検討が必要である。

　ここでは、高齢者介護福祉現場で従事する対人援助職者のためのサポートの一つとして、援助者が共感疲労に陥るのを予防するためのチェックリストや支援ツールなどを開発して、現場の介護・福祉従事者のケア（支援者支援）に資する方策を検討していくことの必要性が明らかになった。こうした必要性の認識から、次章以降の調査研究が進められていくことになった。

引用文献

濱島淑恵・高木和美・芦田麗子（2013）「看護・介護労働者の労働・健康・生活上の問題に関する聞き取り調査報告～特養Aにおける『介護』労働の継続意志の背景分析」『日本医療経済学会会報』30（1）、44-69

今井訓子（2011）「介護職離職の構造に関する研究―介護福祉士養成校卒業生の追跡調査から―」『植草学園短期大学研究紀要』12、1-12

介護労働安定センター（2015）『平成26年度「介護労働実態調査」』（http://www.kaigocenter.or.jp/report/pdf/h26_chousa_kekka.pdf.2015.4.1）

金原京子・岡田進一（2014）「介護老人福祉施設に従事する介護職のストレスの年齢・性別傾向―業務ストレスに関するアンケートの自由記述テキストマイニングの結果から―」『メンタルヘルスの社会学』20、56-61

柏原正尚（2013）「特別養護老人ホームにおける介護職員の離職と職場環境に関する一考察」『日本福祉大学健康科学論集』16、19-27.

中澤秀一（2012）「ヒューマンサービス職のバーンアウト軽減に関する教育内容の研究―介護福祉職員の個人要因と環境要因の関連から」『キリストと世界』22、59-77

第4章
高齢者介護福祉施設における介護人材の共感疲労およびレジリエンス要因の分析
―量的データの因子分析結果より―

4-1 共感疲労・レジリエンスの因子特定

　わが国では介護現場における人材確保が喫緊の社会的課題となっている。政府では人材確保に向けた政策的対応が議論されているが、制度面からの整備に加えて、介護労働者自身のサポートにかかわる対策についても検討する必要がある。

　具体的には、高齢者介護福祉施設に従事する人びとの職務上のストレスの一つである共感疲労について、その内容を分析していくことも含まれる。また、そうした職務上のストレスに立ち向かい乗り越えていく要素としてのレジリエンスの内容についても分析していく必要がある。介護現場で従事する人びとが、できる限りストレスなく業務に取り組め、また昨今増加しつつある介護人材の離職を少しでも防ぐことができるような対策を講じていくための足がかりとするためである。

　須加(2007；2010；2011；2012；2016)は訪問介護サービスにおけるサービス提供責任者に限定して、そのストレス要因や業務満足度、離職意向について先行研究を行っているが、高齢者介護福祉施設における介護人材についての共感疲労やレジリエンスについての先行研究は、まだまだ少ない。

　筆者らは、高齢者介護福祉施設で従事する介護人材の共感疲労やレジリエンスを構成する要因を因子分析によって明らかにするとともに、その傾向を探ることを目的として、2016年に調査を実施した。本章では、その調査結果のうち量的データの分析結果を取り上げる。

分析の結果、共感疲労については「精神的消耗感」「援助者としての規範意識へのとらわれ」「利用者との対応場面でのストレス」「援助者としての感情管理」「心身のストレス反応」の5因子、レジリエンスについては「前向きな気持ちへの切りかえ」「人的サポート」「自己肯定感」「職場のサポート」「困難への対処法」の5因子が抽出された。

　さらに、各5因子の因子得点について回答者の「性別」および「仕事を辞めたいと思ったことの有無」別でT検定により検討を行った結果、共感疲労の得点が高い人は離職意向を有する傾向があった。共感疲労については男性よりも女性のほうが大きい傾向にあった。レジリエンスが高い人は職場に踏みとどまろうとする傾向にあることもうかがえた。

　なお本章で用いる介護人材とは、介護現場で働く介護職および関連職種をさす用語として用いる。

4-2　2016年に実施したアンケート調査の概要

　質問紙の調査項目については、すでに実施済みのインタビュー調査（松田・南2016—第3章参照）と文献による既存の尺度（共感疲労尺度については、林2010：藤岡2011：今・菊池2007：片山ほか2005：荻野2004：松田・南2016：関谷・湯川2014：田中2005、レジリエンス尺度については雨宮2015：鉢呂2010：平野真理2010：平野美樹子ほか2012：井隼・中村2008：菊地2000：南2016：小塩2002：尾形ほか2010：佐藤・祐宗2009：杉山2010）を参考に、共感疲労を問う下位項目とレジリエンスを問う下位項目を各25項目作成した。そして因子分析を行うため、ライカート式5段階評定尺度法を用いて各項目の「まったくあてはまらない」「あてはまらない」「どちらともいえない」「ややあてはまる」「あてはまる」にそれぞれ1～5点を配点した。

　調査対象者の属性は、性別・年齢・職種・経験年数について問い、さらに「仕事をしていて、職場を辞めようと思ったことがあるか否か」について質問した。さらに自由記述3項目を設けているが、この内容についての分析結果は第5章・第6章で取り上げる。

　作成した質問紙を用いて2016年5月末、現役の介護職管理者2名に予備調

査を実施した。若干の修正を経て、質問紙および研究計画と内容に関して2016年6月14日、天理大学研究倫理審査委員会へ審査申請を行い、7月5日に承認を受けた（承認番号H28-002）。

調査は2016年8月1日～9月6日、高齢者介護福祉施設・事業所の職員を対象に留め置き法の形で実施し、同施設の理事長・施設長に回収を依頼した。質問紙の配布数は697枚であった。回答内容の秘匿性の保持のため調査票は1枚ずつ封入し、調査対象者には回答後、それぞれ厳封のうえ回収袋に入れてもらった。回収袋は、理事長・施設長に鍵のかかる保管庫での保管を依頼し、2016年9月6日に回収に出向いた。

倫理的配慮については、事前に調査対象施設にアンケート調査の依頼に出向き、理事長・施設長に口頭と文書で研究の趣旨、研究方法、倫理的配慮について説明し了承を得た。また、留め置き期間中は鍵のかかる保管庫での回答済調査票の管理を依頼した。

さらに、本調査への回答は自由であり、回答しない場合も何ら不利益を被らないこと、また調査は無記名で実施し、回答内容は個人が特定されないよう統計処理を行うこと、得られたデータは調査関係者が責任をもって保管・管理するとともに、最終的な調査結果などは冊子などにまとめて調査協力者に返す予定であることを伝え、アンケート調査に関する質問・連絡先を調査票に明記した。

4-3　調査の結果

調査対象者の総数（質問紙配布数）697名のうち、最終的に調査票551部を回収した（有効回収率79.1％）。またデータクリーニングとチェックを行った結果、有効回答数は537、無効回答数は14であった（有効回答率97.5％）。統計解析にはSPSS Ver23を用いた。

まず、回答者の基本属性の集計結果を示す（いずれも有効回答数537名中）。性別は、男性（21.4％）、女性（78.6％）であった（図4-1）。年齢は、10代（0.2％）、20代（22.4％）、30代（15.5％）、40代（26.3％）、50代以上（35.6％）であった（図4-2）。現在の職種は、介護職（61.6％）、相談員（15.8％）、看護職（5.6％）、栄養・

調理（5.8％）、事務職（3.4％）、管理職（2.2％）、リハビリ（0.7％）、その他（4.8％）であった（図4-3）。福祉現場での経験年数は、3年未満（18.1％）、3年以上5年未満（9.7％）、5年以上10年未満（24.8％）、10年以上15年未満（23.5％）、15年以上（23.5％）、無回答（0.4％）であった（図4-4）。離職意向（職場を辞めようと思ったことがあるか否か）については、辞めようと思ったことがある（58.3％）、ない（38.5％）、無回答（3.2％）であった（図4-5）。

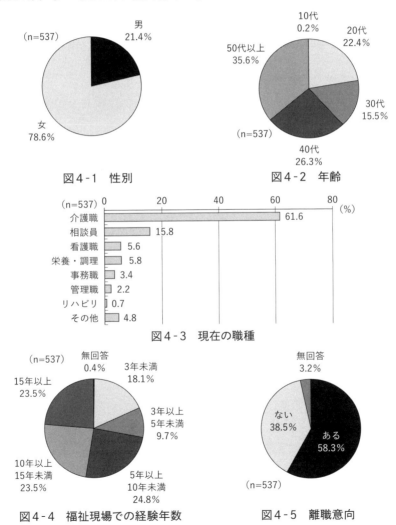

図4-1　性別

図4-2　年齢

図4-3　現在の職種

図4-4　福祉現場での経験年数

図4-5　離職意向

次に因子分析の結果を示す。

まず共感疲労については、筆者らが作成した共感疲労に関する25項目を用いて、探索的因子分析（一般化最小2乗法、Kaiserの正規化を伴うプロマックス法）を行った結果、スクリープロットの現状や、因子間行列、解釈可能性等を考慮して、5因子解を最適解として採用した。共通性0.29以下、因子負荷量0.33以下の項目を除外し、再分析をくり返し、23項目5因子を抽出した（表4-1）。以下、5因子の命名のプロセスについて説明する。

第1因子に負荷量の高い項目は「仕事の限界を感じ無力感に苛まれる」「仕事に対する意欲が低下している」「仕事から逃避したい気持ちがある」「人と接することに疲れ孤独感を感じる」「仕事の先行きを考えると不安だ」「自分のストレスコントロールを上手に行えると思えない」「職務を遂行するうえで悲しい気持ちになることがある」「仕事中に感情がゆさぶられることがある」「職場でのサポートシステムが不足していると思う」という9項目である。これは情緒的にかなり疲弊し、気持ちがマイナス方向に向いている状態を示す項目群であることから「精神的消耗感」と名づけた（信頼性係数Cronbachの $\alpha = 0.81$）。

第2因子に負荷量の高い項目は「常に援助者としてふさわしい言動を取ろうと心がける」「利用者の気持ちを理解しようと共感的に振る舞う」「場面にふさわしい感情表出を心がける」「援助者として求められる姿勢を取ることへの義務感がある」「総合的に利用者を理解しようと努めている」「利用者に自分の思いを伝えようと努力する」という6項目である。これはまさに感情労働の特徴である"援助者としてこうあるべきである"という規範にとらわれて振る舞う態度を表す項目群であると考え「援助者としての規範意識へのとらわれ」と名づけた（信頼性係数Cronbachの $\alpha = 0.69$）。

第3因子に負荷量の高い項目は「利用者との対応で怖い思いをしいまも気にかかる」「利用者と対応していて身の危険を感じたことがある」「利用者との対応場面でストレスを感じることがある」という3項目である。利用者との対応場面における感情的なストレスとあることから「利用者との対応場面でのストレス」と名づけた（信頼性係数Cronbachの $\alpha = 0.68$）。

第4因子に負荷量の高い項目は「本心とは違う感情を装うことがある」「自

分の気持ちに正直に振る舞えない」「意図的に自己の感情をコントロールしようとする」という3項目である。望ましい援助者を演じようとして理想の感情を装う状態を示す項目群であることから「援助者としての感情管理」と名づけた（信頼性係数Cronbachのα = 0.56）。

第5因子に負荷量の高い項目は「ストレスによる身体症状が出る」「これ

表4-1　共感疲労項目に関する因子分析結果（プロマックス回転後）

項目	因子1	因子2	因子3	因子4	因子5	共通性
精神的消耗感（α =.81）						
仕事の限界を感じ無力感に苛まれる	0.835	0.006	-0.042	-0.092	-0.058	0.40
仕事に対する意欲が低下している	0.722	-0.082	-0.035	-0.030	0.005	0.56
仕事から逃避したい気持ちがある	0.656	-0.051	-0.023	0.217	-0.043	0.41
人と接することに疲れ孤独感を感じる	0.590	-0.061	0.028	-0.036	0.068	0.28
仕事の先行きを考えると不安だ	0.529	0.104	-0.016	0.028	0.077	0.47
自分のストレスコントロールを上手に行えると思えない	-0.416	0.160	0.066	-0.018	-0.181	0.47
職務を遂行するうえで悲しい気持ちになることがある	0.409	0.085	0.076	0.077	0.056	0.44
仕事中に感情がゆさぶられることがある	0.400	0.112	0.153	0.167	-0.057	0.30
職場でのサポートシステムが不足していると思う	0.381	0.061	0.134	-0.022	0.010	0.30
援助者としての規範意識へのとらわれ（α =.69）						
常に援助者としてふさわしい言動を取ろうと心がける	-0.277	0.648	0.067	-0.002	0.079	0.69
利用者の気持ちを理解しようと共感的に振る舞う	-0.010	0.634	0.006	0.034	-0.026	0.59
場面にふさわしい感情表出を心がける	-0.134	0.604	-0.100	0.160	0.027	0.47
援助者として求められる姿勢を取ることへの義務感がある	0.123	0.559	-0.044	-0.126	0.028	0.72
総合的に利用者を理解しようと努めている	0.125	0.487	-0.004	-0.146	-0.077	0.47
利用者に自分の思いを伝えようと努力する	0.130	0.438	0.050	-0.259	-0.027	0.43
利用者との対応場面でのストレス（α =.68）						
利用者との対応で怖い思いをしいまも気にかかる	-0.045	-0.120	0.877	-0.035	0.094	0.38
利用者と対応していて身の危険を感じたことがある	0.047	0.087	0.624	0.006	-0.084	0.44
利用者との対応場面でストレスを感じることがある	0.273	0.100	0.337	0.010	-0.015	0.34
援助者としての感情管理（α =.56）						
本心とは違う感情を装うことがある	0.053	0.033	-0.061	0.772	0.070	0.29
自分の気持ちに正直に振る舞えない	-0.009	0.231	-0.029	-0.556	0.089	0.85
意図的に自己の感情をコントロールしようとする	0.189	0.223	-0.009	0.356	-0.020	0.36
心身のストレス反応（α =.52）						
ストレスによる身体症状が出る	0.161	0.035	-0.047	-0.117	0.874	0.47
これまでの人生でトラウマになるような体験をしたことがある	-0.090	-0.051	0.198	0.192	0.358	0.61

因子抽出法：一般化最小2乗法
回転法：Kaiserの正規化を伴うプロマックス法
Cronbachのα係数：0.85

までの人生でトラウマになるような体験をしたことがある」の2項目である。トラウマになるような出来事があるために時として身体症状にまで出てしまうという意味合いから「心身のストレス反応」と名づけた（信頼性係数Cronbachの α = 0.52）。

共通性については表4-1に示したとおりである。なお、全体としての信頼性係数はCronbachの α = 0.85であり、高い数値であった（表4-1参照）。

レジリエンスについても同様に、筆者らが作成したレジリエンスに関する25項目を用いて、探索的因子分析（主因子法、Kaiserの正規化を伴うプロマックス法）を行った結果、スクリープロットの現状や、因子間行列、解釈可能性等を考慮して、5因子解を最適解として採用した。共通性0.29以下、因子負荷量0.33以下の項目を除外し、再分析をくり返し、23項目5因子を抽出した（表4-2）。以下、5因子の命名のプロセスについて説明を行う。

まず第1因子に負荷量の高い項目は「逆境が自分を成長させる機会であると考えられる」「困難な出来事に対して挑戦しようとする」「失敗しても次の機会に活かそうと考える」「気持ちを切りかえて楽観的に行動する」「苦手な人でもよさを見つけて感謝できる」「目標に向かってがんばれる」「未来にはきっといいことがあると思う」「援助者として人とかかわることが好きである」という8項目である。これは逆境をチャンスに変えることのできる前向きで積極的姿勢に自分を向けることができる項目群であると考えて「前向きな気持ちへの切りかえ」と名づけた（信頼性係数Cronbachの α = 0.82）。

第2因子に負荷量の高い項目は「悩みを聞いて助言してくれる家族がいる」「自分をサポートしてくれる人がいる」「相談できる友達がいる」という3項目である。これらは相談したり助言を求めたりできる家族や友人が存在することを示す項目群であることから「人的サポート」と名づけた（信頼性係数Cronbachの α = 0.69）。

第3因子に負荷量の高い項目は「自分自身を肯定的にとらえることができる」「感情を適度にコントロールできる」「ストレスの原因を分析できる」「人に助けを求めることができる」「自己覚知ができている」「趣味に熱中するなどの気晴らしができる」という6項目である。いずれも自分自身を肯定的にとらえ、理解することのできる項目群であることから「自己肯定感」と名づ

けた(信頼性係数Cronbachの $\alpha = 0.76$)。

第4因子に負荷量の高い項目は「上司に支えてもらっている」「チームで助け合うことができる」「仲間や先輩を頼ることができる」という3項目である。いずれも職場における支えが存在する項目群であることから「職場のサポート」と名づけた(信頼性係数Cronbachの $\alpha = 0.70$)。

表4-2　レジリエンス項目に関する因子分析結果(プロマックス回転後)

項目	因子1	因子2	因子3	因子4	因子5	共通性
前向きな気持ちへの切りかえ (α =.82)						
逆境が自分を成長させる機会であると考えられる	0.590	0.039	0.095	-0.040	-0.005	0.27
困難な出来事に対して挑戦しようとする	0.580	-0.072	-0.010	0.007	0.207	0.36
失敗しても次の機会に活かそうと考える	0.554	0.169	-0.127	-0.018	-0.060	0.32
気持ちを切りかえて楽観的に行動する	0.504	0.009	0.380	-0.133	-0.120	0.24
苦手な人でもよさを見つけて感謝できる	0.491	0.006	0.040	0.119	-0.039	0.46
目標に向かってがんばれる	0.419	-0.055	0.011	0.310	0.183	0.37
未来にはきっといいことがあると思う	0.377	0.301	0.127	-0.039	0.002	0.48
援助者として人とかかわることが好きである	0.359	0.133	-0.027	0.072	0.032	0.59
人的サポート (α =.69)						
悩みを聞いて助言してくれる家族がいる	0.057	0.630	-0.077	-0.118	0.091	0.56
自分をサポートしてくれる人がいる	0.110	0.582	-0.087	0.269	0.034	0.53
相談できる友達がいる	0.109	0.520	0.168	-0.030	-0.146	0.55
自己肯定感 (α =.76)						
自分自身を肯定的にとらえることができる	0.015	0.179	0.663	-0.155	-0.019	0.32
感情を適切にコントロールできる	0.209	-0.235	0.580	0.125	0.032	0.41
ストレスの原因を分析できる	-0.083	-0.024	0.460	0.109	0.163	0.43
人に助けを求めることができる	-0.132	0.404	0.418	0.116	0.004	0.51
自己覚知ができている	0.103	-0.030	0.345	-0.075	0.296	0.48
趣味に熱中するなどの気晴らしができる	0.017	0.201	0.340	-0.063	0.040	0.23
職場のサポート (α =.70)						
上司に支えてもらっている	0.006	0.020	-0.229	0.873	-0.048	0.43
チームで助け合うことができる	0.127	-0.133	0.173	0.571	-0.090	0.64
仲間や先輩を頼ることができる	-0.116	0.080	0.313	0.560	-0.024	0.55
困難への対処法 (α =.73)						
援助者として働くうえで必要な手段や資源を活用できる	-0.035	-0.017	0.033	-0.074	0.902	0.74
状況を分析して問題解決に取り組む	0.164	0.055	0.067	-0.083	0.592	0.39
多職種からの励ましや支えがある	-0.111	0.252	0.040	0.184	0.372	0.36

因子抽出法:主因子法
回転法:Kaiserの正規化を伴うプロマックス法
Cronbachの α 係数:0.91

第5因子に負荷量の高い項目は「援助者として働くうえで必要な手段や資源を活用できる」「状況を分析して問題解決に取り組む」「多職種からの励ましや支えがある」という3項目である。困難な状況に遭遇した際に何らかの解決方法を用いることができるという項目群であることから「困難への対処法」と名づけた（信頼性係数Cronbachの α = 0.73）。
　共通性については、表4-2に示したとおりである。なお、全体としての信頼性係数はCronbachの α = 0.91と、かなり高い数値であった（表4-2参照）。
　続いて、因子分析により得られた共感疲労に関する5因子について、性別の因子得点の平均値を図に示すと、図4-6のようになった。5因子すべての因子得点について女性の平均値のほうが男性を大きく上回っており、男性に比べて女性の共感疲労が大きいことが示された。

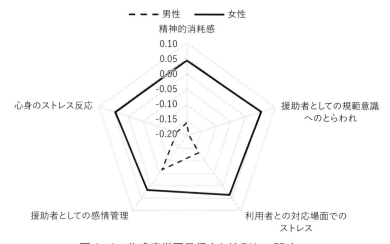

図4-6　共感疲労因子得点と性別との関連

　表4-3は、性別で共感疲労に関して得られた5因子の因子得点が異なるのか否かについて、T検定による検討を行った結果である。
　因子3（利用者との対応場面でのストレス）、因子4（援助者としての感情管理）を除く因子で男女間に有意な差が認められ、そのいずれも女性のほうが高い値であった。すなわち、これらの共感疲労については、性別と何らかの関係があると考えられる。他方、因子3（利用者との対応場面でのストレス）、因子

4（援助者としての感情管理）については、因子得点の平均値に違いは見られるものの有意差は認められなかった。

表4-3　性別と共感疲労因子得点のT検定結果

	男性		女性		t値
	平均値	SD	平均値	SD	
因子1（精神的消耗感）	-0.158	0.968	0.043	0.928	-2.035 *
因子2（援助者としての規範意識へのとらわれ）	-0.193	0.914	0.053	0.879	-2.633 **
因子3（利用者との対応場面でのストレス）	-0.132	0.900	0.036	0.896	-1.779
因子4（援助者としての感情管理）	-0.064	0.951	0.017	0.863	-.874
因子5（心身のストレス反応）	-0.166	0.967	0.045	0.908	-2.177 *

*p＜.05　**p＜.01

職場を辞めようと思ったか否かの各々の共感疲労因子得点の平均値は、図4-7のとおりである。5因子すべての因子得点において職場を辞めようと思った人の平均値が思わなかった人を大きく上回り、職場を辞めようと思わなかった人に比べて辞めようと思った人の共感疲労が大きいことが示された。すなわち、共感疲労の高い人は離職意向と結びつきやすいことがうかがえた。

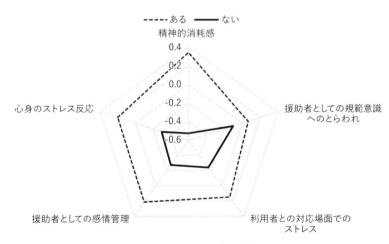

図4-7　共感疲労因子得点と離職意向との関連

表4-4は、職場を辞めようと思ったか否かの各々で共感疲労に関して得られた5因子の因子得点が異なるのか否かについて、T検定による検討を行っ

た結果である。5因子すべての因子で職場を辞めようと思ったか否かの間に有意な差が認められ、そのいずれも職場を辞めようと思った人のほうが高い値であった。すなわち、これらの共感疲労については、離職意向と何らかの関係があることが示唆された。

表4-4　離職意向の有無別で見た共感疲労因子得点のT検定結果

	職場を辞めようと思ったことがある		職場を辞めようと思ったことはない		t値
	平均値	SD	平均値	SD	
因子1（精神的消耗感）	0.341	0.968	-0.524	0.928	11.356**
因子2（援助者としての規範意識へのとらわれ）	0.065	0.914	-0.102	0.879	2.211*
因子3（利用者との対応場面でのストレス）	0.148	0.900	-0.243	0.896	5.144**
因子4（援助者としての感情管理）	0.214	0.951	-0.276	0.863	6.302**
因子5（心身のストレス反応）	0.203	0.967	-0.297	0.908	6.180**

*p＜.05　**p＜.01

　また、因子分析により得られたレジリエンスに関する5因子について、性別の因子得点の平均値を図に示すと、図4-8の結果が得られた。5因子すべての因子得点について女性の平均値が男性を上回り、男性に比べて女性のレジリエンスが大きいことが示唆された。

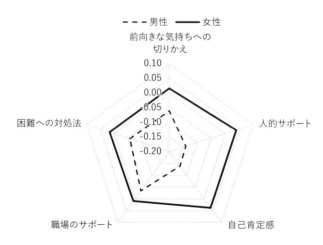

図4-8　レジリエンス因子得点と性別との関連

表4-5は、性別でレジリエンスに関して得られた5因子の因子得点が異なるのか否かについて、T検定による検討を行った結果である。5因子すべてで男女間に有意な差は認められなかった。

表4-5　性別で見たレジリエンス因子得点のT検定結果

	男性		女性		t値
	平均値	SD	平均値	SD	
因子1（前向きな気持ちへの切りかえ）	-0.060	0.016	0.907	0.913	-0.797 ns
因子2（人的サポート）	-0.141	0.039	0.983	0.853	-1.937 ns
因子3（自己肯定感）	-0.139	0.038	0.938	0.896	-1.858 ns
因子4（職場のサポート）	-0.034	0.009	0.829	0.925	-.456 ns
因子5（困難への対処法）	-0.058	0.016	0.826	0.943	-0.764 ns

ns：非有意

次に、職場を辞めようと思ったか否かの各々のレジリエンス因子得点の平均値を図に示すと、図4-9のようになった。5因子すべての因子得点において職場を辞めようと思わなかった人の平均値が思った人を大きく上回り、職場を辞めようと思った人に比べて辞めようと思わなかった人のレジリエンスが大きいことが示された。

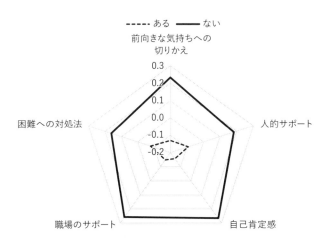

図4-9　離職意向の有無別で見たレジリエンス因子得点

表4-6は、職場を辞めようと思ったか否かの各々でレジリエンスに関して得られた5因子の因子得点が異なるのか否かについて、T検定による検討を行った結果である。5因子すべての因子で職場を辞めようと思ったか否かの間に有意な差が認められ、そのいずれも職場を辞めようと思わなかった人のほうが高い値であった。すなわち、レジリエンスの高い人については、職場に踏みとどまる傾向にあると考えられる。

表4-6 離職意向の有無別で見たレジリエンス因子得点のT検定結果

	職場を辞めようと思ったことがある		職場を辞めようと思ったことはない		t値
	平均値	SD	平均値	SD	
因子1（前向きな気持ちへの切りかえ）	-0.130	0.937	0.233	0.837	-4.615 **
因子2（人的サポート）	-0.092	0.933	0.182	0.779	-3.635 **
因子3（自己肯定感）	-0.157	0.905	0.267	0.863	-5.319 **
因子4（職場のサポート）	-0.149	0.901	0.259	0.866	-5.129 **
因子5（困難への対処法）	-0.078	0.942	0.161	0.840	-2.956 **

*p＜.05　**p＜.01

4-4　共感疲労を低減させてレジリエンスを高めることで離職を防止する

　高齢者介護福祉施設で従事する介護人材の共感疲労およびレジリエンスの内容に関して、質問紙を用いた調査の結果にもとづいて因子分析を行った結果、共感疲労に関してもレジリエンスに関しても23項目、5因子を抽出することができた。全体としても下位尺度を見ても、Cronbachのα係数が示すとおり、一定の信頼性が確保できたと考えられる。とはいえ不十分な点もあるため、今後さらに検証を重ねる必要がある。

　本研究が明らかにした事柄で特筆すべきは、共感疲労と離職意向との間に1％水準の高い有意差が見られたことである。これは、感情労働としての側面をもつ介護職・相談援助職は、共感疲労に陥ることが多く、そうした状況下にあっては「職場を辞めてしまいたい」と考える傾向が非常に高いことを示唆している。

さらに、共感疲労については、男性よりも女性のほうが高い傾向にあることがわかったが、レジリエンスについては性別による有意差は見られなかった。また、レジリエンスの高い人は、職場に踏みとどまろうとする傾向にあることもうかがえた。

　以上の結果をふまえるならば、高齢者介護福祉現場で今後、共感疲労に伴う心身のストレスについての理解を深め、職員自身が共感疲労の度合いを自己評価し、さらにはレジリエンスを高めていくために、本書で紹介している支援者支援ツールを活用していくことが有効であるといえる。そして、職員に対する教育・研修等の場でこうしたツールを活用していくことが、介護人材の離職を少しでもくい止めるための、早急に取り組むべき課題ではないだろうか。

　続く第5章・第6章では、本章で紹介した調査の自由記述データを分析した結果について紹介する。また、本章で明らかとなった下位尺度を用いて作成した支援者支援ツールの詳細ついては、第7章で紹介する。

参考文献
雨宮尊(2015)「職員のストレス内容をアンケート調査で把握」『介護人材Q&A』12(124)、6-19
藤岡孝志(2011)「共感疲労の観点に基づく援助者支援プログラムの構築に関する研究」『日本社会事業大学研究紀要』57、201-237
林潔(2010)「介護福祉士と感情労働、共感疲労」『教育研究』28、106-115
鉢呂美幸(2010)「産業看護職におけるレジリエンスと職業性ストレスの検討」旭川医科大学大学院医学系研究科2010年度修士論文(http://amcor.asahikawa-med.ac.jpより入手)
平野真理(2010)「レジリエンスの資質的要因・獲得的要因の分類の試み—二次元レジリエンス要因尺度(BRS)の作成—」『パーソナリティ研究』19(2)、94-106
平野美樹子・小越佐知子・加藤真由美ほか(2012)「新人看護師レジリエンス尺度作成の試み」『日本赤十字看護学会誌』12(1)、37-42
井隼経子・中村知靖(2008)「資源の認知と活用を考慮したResilienceの4側面を測定する4つの尺度」『パーソナリティ研究』17(1)、39-49
今洋子・菊池章夫(2007)「共感疲労関連尺度の作成」『岩手県立大学社会福祉学部紀要』9(1/2)、23-29
片山由加里・小笠原知枝・辻ちえほか(2005)「看護師の感情労働測定尺度の開発」『日本看護科学学会誌』25(2)、20-27.
菊地梓(2010)「看護師を対象とした職務レジリエンス研究—個人レベルおよびチームレベ

ルのレジリエンスの検討―」九州大学大学院人間環境学府2010年度修士論文（http://www.hues.kyushu-u.ac.jp/education/student/pdf/2010/2HE09035S.pdf より入手）

松田美智子・南彩子（2016）「高齢者福祉施設で従事する対人援助職者が共感疲労に陥らないためのサポートシステムの解明」『天理大学学報』68（1）、79-105

尾形広行・井原裕・犬塚彩ほか（2010）「総合病院における看護師レジリエンス尺度の作成および信頼性・妥当性の検討」『精神医学』52（8）、785-792

荻野佳代子・瀧ヶ崎隆司・稲木康一郎（2004）「対人援助職における感情労働がバーンアウトおよびストレスに与える影響」『心理学研究』75（4）、371-377

小塩真司・中谷素之・金子一史ほか（2002）「ネガティブな出来事からの立ち直りを導く心理性特性―精神的回復力尺度の作成―」『カウンセリング研究』35（1）、57-65

佐藤琢志・祐宗省三（2009）「レジリエンス尺度の標準化の試み―『S－H式レジリエンス検査（パート1）』の作成および信頼性・妥当性の検討―」『看護研究』42（1）、45-52

杉山匡・児玉昌久（2010）「パブリックヘルスリサーチセンター（PHRF）版ストレス認知評価尺度およびコーピング尺度の開発」『ストレス科学研究』25、46-58

関谷大輝・湯川進太郎（2014）「感情労働尺度日本語版（ELS-J）の作成」『感情心理学研究』21（3）、169-180

須加美明（2007）「訪問介護のサービス提供責任者の業務におけるストレス要因の分析」『介護福祉学』14（2）、143-150

須加美明（2010）「訪問介護のサービス提供責任者のストレッサー尺度の開発―利用者・ケアマネ・ヘルパーの間を調整する役割葛藤―」『老年社会科学』32（1）、14-22

須加美明（2011）「訪問介護計画の有効感がもたらすサービス提供責任者のバーンアウト緩衝効果」『介護福祉学』18（1）、30-37

須加美明（2012）「訪問介護におけるサービス提供責任者の調整業務の評価尺度の開発―モニタリング機能とヘルパー指導機能の評価を中心として―」『老年社会科学』34（3）、325-334

須加美明（2016）「サービス提供責任者の調整業務と離職意向の因果モデル」『老年社会科学』38（1）、21-31

田中かず子（2005）「ケアワークの専門性―見えない労働『感情労働』を中心に―」『女性労働研究』47、58-71

南彩子（2016）「ソーシャルワークにおける危機介入アプローチとレジリエンス」『天理大学社会福祉学研究室紀要』18、13-25

第5章
高齢者介護福祉施設における共感疲労およびレジリエンスの構造
―自由記述内容の質的分析より―

5-1　共感疲労を補強する要因・離職意向を躊躇させる要因・レジリエンスを補強する要因

　本章では、前章で示した問題意識を踏襲しつつ、2016年に実施したアンケート調査の自由記述欄に記入された内容にもとづきカード分類法を用いて分析を行い、高齢者介護福祉施設における介護人材の共感疲労およびレジリエンスの構造を検討する。

　前章で取り上げたアンケート調査では、対象者の基本属性や共感疲労およびレジリエンスに関する質問項目とともに、「仕事をしていて、職場を辞めようと思ったことがあるか否か」（「ある／ない」で回答）という質問項目を設けた。

　そのうえで、職場を辞めようと思ったことが「ある」と回答した人に対して「離職しようと思ったのはどのようなときか」「そのとき、辞めないでがんばろうと判断した理由は何か」をたずねる自由記述欄を設け、さらに回答者全員を対象とした「仕事をしていて楽しいと感じるのはどのようなときか」という自由記述欄を設けた。

　自由記述欄に回答があったのは551名で、自由記述欄の総カード数は1,492枚になった。離職意向が「ある」と回答した313名が、どのようなときに辞めようと思ったのかについて記入した自由記述は450枚あった。そのとき、辞めないでがんばろうと判断した理由についての自由記述は397枚あった。また、仕事をしていて楽しいと感じるのはどのようなときかについての自由

記述は645枚（そのうち離職意向あり373枚・離職意向なし272枚）あった。

以上1,492枚のカードを、カード分類法によってカテゴライズし、小項目・中項目・大項目に島どりしたうえで、全体を俯瞰しつつ研究会チームで相互検証をくり返し、客観性を担保しながら分類した。なお、調査時期・対象、倫理的配慮については前章と同様である。

分析の結果、共感疲労を補強し離職意向につながる4要因（［職場内コミュニケーション］［ワーク・ライフ・バランスとの兼ね合い］［仕事への評価］［利用者との対応によるストレス］）、離職意向を躊躇させる2要因（［現実逃避・合理化］［現実重視・どこも同じ］）、仕事継続への意欲を高めレジリエンスを補強する3要因（［利用者による支え］［職場の支えや理解者の存在］［仕事からの学びや発見・自己の成長を実感］）が抽出された。

5-2　何が離職を思いとどまらせるのか

すべてのカードを分類すると表5-1になった（なお、表5-1では分析・考察に支障はないと判断し、煩雑さを避けるため小項目は除いている）。

自由記述のカードは、全体を俯瞰すると『共感疲労を補強し離職意向につながる要因』と『離職を躊躇させる要因』および『仕事継続への意欲を高めレジリエンスを補強する要因』の三つに大別された。

『共感疲労を補強し離職意向につながる要因』には［職場内コミュニケーション］［ワーク・ライフ・バランス（WLB）との兼ね合い］［仕事への評価］［利用者との対応］という4つのストレス要因が確認された。

ストレス要因のうち、最大のものは［職場内コミュニケーション］であった。言い換えると、職場の人間関係に相当する。同僚の問題、上司の問題や不当な扱い（自分の仕事が正当に評価されない）は、事業所の運営への不満と読み換えることができる。

［ワーク・ライフ・バランスとの兼ね合い］は、具体的には自身の生活状況と仕事の両立のバランスをさしている。子育てや家族の介護が大変で仕事とのバランスがうまく取れない。仕事を続けても達成感がなくきりがない、つまらない、私生活にも支障を来す、よって就労意欲が低下する、などワーク・

ライフ・バランスがうまく取れずに離職意向を感じたという記述が目立った。

［仕事への評価］には、仕事に伴う身体面・精神面の疲れや体力に限界を感じている状況に関する記述、また労働条件に関して業務量の多さや不規則勤務、人手不足や休みの少なさに関する記述が見られた。また「給与の低さ」に関する記述も一定見られた。

［利用者との対応］には、利用者からのクレームや暴言・暴力、介護拒否やコミュニケーション不全などによる心身両面のストレスに関する記述が見ら

表5-1　カード分類法による自由記述の分析結果

（総数　1492）	大項目	中項目
共感疲労を補強し離職意向につながる要因（481）	職場内コミュニケーション（177）	同僚の問題（85）
		上司の問題（53）
		不当な扱い（39）
	WLBとの兼ね合い（137）	自身の問題（72）
		やりがいがない仕事（44）
		家庭の問題（21）
	仕事への評価（118）	心身の疲れ（49）
		労働条件（37）
		賃金が安い（32）
	利用者との対応（49）	
離職を躊躇させる要因（216）	現実逃避・合理化（118）	決心できない（48）
		もう少しがんばろう（39）
		合理化（逃避）（31）
	現実重視・どこも同じ（98）	生活がある（58）
		再就職への不安（28）
		責任感（12）
仕事継続への意欲を高めレジリエンスを補強する要因（794）	利用者による支え（380）	利用者との対応場面から（110）
		利用者の笑顔（107）
		利用者・家族からの感謝（99）
		利用者・家族と心が通じた（41）
		利用者から必要とされた（23）
	職場の支えや理解者の存在（223）	職場の仲間の支え（95）
		チームワークによる支え（62）
		上司の支え（35）
		周辺の理解者（17）
		事業所による支え（14）
	仕事からの学びや発見・自己の成長を実感（191）	自身の成長（95）
		仕事からの学び・発見（66）
		仕事が楽しい（30）

れた。しかし、これはストレス要因のなかでも少数派で、ケアに関する最新の知識や技術を適宜充足させる現任教育体制が整備されることで、一定は解決が可能である。またケアがしっかりとできており、困ったときのサポート体制があるから少数派となっているとも推測できる。

　共感疲労を増強あるいはレジリエンスを高める要因にもつながり得る『離職を躊躇させる要因』は大きく二分された。［現実逃避・合理化］と［現実重視・どこも同じ］である。

　離職するにしてもしないにしても、何らかの釈明をつけて自己を正当化する（合理化）か、自己を納得させる何かを見出し、もう少しがんばろうと思う（責任感）かの、二派に分類される。部署や部門の「異動」は本人の意に沿わない場合に加えてワーク・ライフ・バランスが崩れるとストレス要因になるが、逆に本人の事情や課題にマッチした結果であればワーク・ライフ・バランスを適切に保つ方向に作用しレジリエンスの補強、つまりはもう少しがんばろうという意識につながるものと解釈できる。

　本調査では、回答者が20代から50代まで比較的バランスがよい構成で、40代以上が半数を占めていることから、新たな職場でのキャリア形成をめざすよりも、広く現実を認識して踏みとどまってがんばろうとするケースにつながるとも解釈できる。「もう少しがんばろうと思った」という記述のなかには、介護福祉士や介護支援専門員などの資格を取得するまでがんばるという内容が一定あった。

　『仕事継続への意欲を高めレジリエンスを補強する要因』としては、［利用者による支え］［職場の支えや理解者の存在］［仕事からの学びや発見・自己の成長を実感］の三つが確認された。

　利用者からの笑顔や感謝の言葉などの直接的な反応がやりがいにつながり、就労継続意識に影響を及ぼす。利用者の存在が支えになるためには、援助者の利用者に対する誠実で温かい姿勢や専門職としての誇りが根本的に重要である。それを可能にするためには、組織としてのバックアップ体制やどのような組織づくりを事業所内でめざすのかが重要である。

　職場の支えについては、人事異動や働き方へのサポート体制の選択肢などが影響を与える。チームワークによる支えは、一人でしんどい思いをしない

ですんだ、周囲のサポートがあるといった回答に表れている。上司や管理者への支援者支援策の必要性が示唆される。

［仕事からの学びや発見・自己の成長を実感］については、仕事上の達成感がある、仕事上で評価された経験などが大きなインセンティブになっていることが記述内容からうかがえた。

5-3　離職を思いとどまらせるための方策

介護職員のワーク・ライフ・バランスを推進するには、組織としての取り組みが重要であり、生活サポート体制、適切な業務管理体制、または職員のチームワークなど、多面的な側面から職場環境を充実させていく必要があるといわれる（橋本2016：30）。

職場環境要因として、労働者の生活に対する組織的支援は重要で、「生活サポート体制」は、育児休暇や介護休暇など支援制度の整備、出張や会議時間の配慮、仕事と生活の両立に向けた配慮、勤務時間の融通性から構成される。「適切な業務管理体制」は、職場における業務役割・仕事量・シフト体制・時間管理といった側面から、介護職員に過剰な負担がかからないよう適切な業務管理がなされている職場ほど、介護職員のワーク・ライフ・バランスの満足度が高まると報告されている。

上司・同僚を包括する職員のチームワークは、仕事における質や充実感に影響を与え、残業の軽減につながる。ワーク・ライフ・バランスの満足度を高める要因として、職場の協力的な雰囲気の醸成があり、特に上司との良好なコミュニケーションは重要である。上司は、組織における職場マネジメントの役割も担う。

先行研究では、ワーク・ライフ・バランスが職務満足度に影響を与えることが指摘されている。介護職員の職務満足度に関しては、仕事と生活の調和が可能になるような就労を実現することで職務満足度が向上する可能性が期待できる（橋本2017：402）とされ、家庭の事情（子育て・自身の健康問題・家族の介護）を抱えていると、労働条件や労務管理との兼ね合いによっては自身のワーク・ライフ・バランスを崩し離職意向を増強すると指摘されている。

看護職員を対象とした先行研究でも、仕事と仕事以外の生活が自ら希望するバランスでなされているか否かに関する評価が離職意向に関連する要因の一つとされている（田邊・岡村2011：126）。本調査では女性が78.6％を占めているから、女性が多い職場に共通する要因かもしれない。

　［仕事への評価］のうち、給与については相対的に低いと感じていても、それが直接、離職動機になるとは限らない。なぜなら、給与は就職時に明示されていることに加え、離職の原因は複合的だからである。労働者の気持ちは、仕事内容やその他の就業状況と比較して、現状の労働条件で自身の生活状況との折り合いがつくかどうかに着地するのではないだろうか。

　東京大学社会科学研究所が2007年から行っている「働き方とライフスタイルの変化に関する全国調査」でも、2008年調査では、人手不足が恒常的、納期に追われている、ほぼ毎日残業、子育てや家事などと仕事の調整がつきにくいといった職場で働いている場合、健康状態が悪くなる傾向にあると指摘されている。2015年の同調査は、土日に働いていることは仕事の満足度には影響しないものの、生活全般の満足度には影響し、子どものいる女性の生活満足度を低下させる、と指摘している。

　公益財団法人介護労働安定センターの就労実態調査（2014）では、人の役に立つと思って（何らかの志があって）働いたが、やってみたら人間関係や事業所の理念・運営のあり方に不満を感じて辞めている、という指摘がある。賃金の補填は重要ではあるが、働き方を変えられるような何らかの補填やサポートなど職場環境を改善することが、離職対策としては適切であると考える。

　利用者との対応に関して、新型特別養護老人ホームにおけるユニット型では、所属する職員間の人間関係が影響しやすいといわれる。管理職が相談し、振り返りのできる体制と環境マネジメントに関する知識をもつ研修の必要性が指摘される（引野・汲田2016：60）。

　管理職は、利用者支援の対応策などについてはその場でうまく応えられると考えているが、職場の環境（人・物の問題）によるストレスへの対応は苦手と意識している傾向があるとされる。現場には、人を教育するための知識や方法に関する教育を受けていない、あるいは教育された経験もないリーダー職が多数存在している。チームの評価・分析・組織化ができるような研修が

必要である。

　施設内外のスーパービジョン体制の構築も望まれる。壬生ら（2016：20）によると、特別養護老人ホームでの「就労継続意向群」（6割）は体力継続型・経験適職型・充実実感型・愛着継続型に分けられた。

　「離職意向群」は心身消耗型・待遇要求型・疲労困憊型に分けられ、介護職員の年齢や勤務年数により健康面や生活への不安などを感じるとされている。職場内サポートが「やりがい感」や「就労継続意識」を高めることから、適切にスーパーバイズを受ける仕組みや上司の技量を高める体制づくりが重要と指摘されている。上司のサポートは仕事のやりがいを介して就労継続意識を高め、仕事の満足感に有意な正の影響を及ぼすとされている。

　橋本によれば、看護・介護労働者の就労継続に共通する要因として、労働・健康・生活上の問題があり、20代は就労継続意識が有意に低いとされる（橋本 2016；2017）。これは介護職の仕事の特性と将来の生活に対する不安が大きいためと思われる。責任の重さを忌避する傾向も指摘されている。

　20代は結婚・出産・子育てなどによる就労継続への不安が生じる時期でもある。橋本の調査でも、目標とする資格取得後の就労継続意識を低下させないための環境面からのサポートや、資格取得後のキャリア形成のあり方が課題であると指摘されている。

　介護支援専門員の援助実践上の困難感を軽減していくためには、職場内サポートの充実がもっとも重要で、地域包括支援センターによる後方支援や多職種チームの専門職によるサポートも有効（Hyoseugほか 2016：1）であるとされる。職場内での情報提供や実践へのアドバイス、専門知識の伝達により、介護支援専門員の実践力が高まり、援助実践上の困難な状況に対処でき、悩みを傾聴してもらい、大変さを理解してもらえるといった支持的サポートは、援助職にとって心理的な支えになると報告されている。

　職場内サポート体制を整備し、仕事の満足感ややりがいを高め、上司からのスーパーバイズを適切に受けられる仕組みを整えることはもちろん、上司のスーパービジョンや職場環境を適正に整えるための技量を高める研修も必要である。ここでも、その上司をサポートするための支援者支援は不可欠である。

自律性に乏しい組織風土、身体的疲労の高まり、仕事と仕事以外の生活のバランスに対する評価の改善が、看護師の離職意向の軽減に有効であるとの先行研究もある（田邊・岡村2011：126）。看護師の離職は職場ストレスがバーンアウトと関連し、組織特性としての職場風土がバーンアウトにつながるとされる。また身体疲労が高いほど離職意向は高くなる。

　かかわる人たちの率直な意見交換が重要で、普段から自分の意見をはっきりいう訓練や、お互いにほかのメンバーの意見を十分に尊重する自由な雰囲気の職場風土を醸成することが肝要という。

　また、スタッフが組織の人材管理施策のあり方をいかに評価するかは、組織への貢献意欲や定着意識を高めるうえで重要な役割を果たし、仕事と生活に使用する物理的な時間のみならず、仕事と仕事以外の生活が自ら希望するバランスでなされているか否かに対する評価や、自身で調整することが可能かどうかが問われるという。

　公正に扱われる職場環境や、専門的知識・技術習得の場を確保するといった職場環境の整備は、ポジティブで充実した心理状態を生み出す（谷口ほか2016：10）。ワーク・エンゲイジメント（Work Engagement）とは「仕事に関する前向きで充実した精神状態であり、活力、熱意、没頭という状態に特徴付けられる」（Schaufeli, et al. 2002：74）とされるが、ワーク・エンゲイジメントの高い職員は、心身の健康が良好で生産性も高い。

　ストレスに満ちた状況でも楽天的でいられることには多くの利点がある（Bonanno 2009＝2013：103）、楽観主義はレジリエンスを発揮する原動力であり、ほかのレジリエンスの要因を補強するエネルギーにもなる（Southwick & Charney 2012＝2015：45）、との先行研究もある。

　個人のワーク・エンゲイジメントは別の個人にも伝染し、組織的公正はワーク・エンゲイジメントを高める。また、自分を取り巻く環境を上手にコントロールできる能力や、レジリエンスと関連した肯定的な自己評価を意味する「個人の資源」と、ワーク・エンゲイジメントとの関連性も明らかにされているといわれる（谷口ほか2016：11）。

　本調査でも「仕事を辞めたいと思ったことがある」と回答した人は58.3％いるが（表5-2）、「仕事を辞めたいと思ったことがない」と回答した38.5％の

人の自由記述に注目すると、利用者の改善やチーム力が発揮・実感できたなど「仕事の喜び」に直結する内容の記述が80％を占めている（図5-1）。離職意向の有無別で見たレジリエンス因子得点におけるT検定の結果、離職意向のない人はレジリエンスが大きいことも確認されている（北垣ほか2017）。

表5-2　仕事を辞めたいと思った経験の有無(n=537)

	ある	ない	無回答
人	313	207	17
％	58.3	38.5	3.2

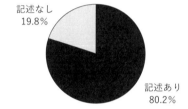

図5-1　「仕事が楽しいとき」の記述の有無(n=207)

　最後に、抽出された共感疲労を補強し離職意向につながる4要因、離職意向を躊躇させる2要因、仕事継続への意欲を高めレジリエンスを補強する3要因をふまえ、ストレスから共感疲労へ、さらに離職意向の強化あるいは離職のストップへと至るプロセスについて、図5-2のように整理した。

　介護の大変さとは、本来の職務の対象である利用者とのかかわりのみならず、ともに働く人や制度・労働条件の問題が大きく、政策的な制度面からの支援策が必要であることはいうまでもない。しかしながら、同時に高齢者介護福祉施設で従事する介護職員の職場環境を改善し、介護労働者自身の職業生活と個人の生活のバランスを適正に保つようなサポートシステムを提示することで、離職防止策につながると思われる。

　長寿化により人生におけるライフコースのあり方も多様化している。20代で祖父母の介護を引き受けざるを得ない人や、30～40代で乳幼児の育児にあたる人、50～60代でも生計中心者としての重責を負いながら親の介護問題や孫の育児協力などのダブルケアに直面する人は少なくない。

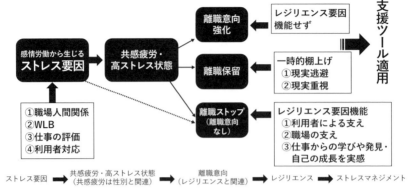

図5-2　研究結果図解化：ストレス〜共感疲労〜離職意向強化／ストップに至るプロセス

　ライフコースにおけるワーク・ライフ・バランスを損ないかねないリスクを分散化・多発化し、ディーセントワーク（働きがいのある人間らしい仕事）が可能な職場環境の整備が切望される。

　また、共感疲労に伴う心身のストレスについて、介護福祉現場で理解を深め、介護福祉現場ならではの自己の自律性をもってワーク・ライフ・バランスが調整でき、仕事継続へのインセンティブが高められるような職場環境の改善につながる労務管理やストレスマネジメントの方法についても、明確化する必要がある。

　残業の削減や長期休暇取得の制度化、有給休暇の取得促進、それらを可能にするための在宅勤務の導入や業務内容の見直しによる分業システムの導入、専門職が行うべき業務内容の選定と業務補助者の活用などを積極的に採用している施設や事業所では、離職意向は低減し就職希望者も増加すると見込まれる。

　次章では、本章の分析で得られた結果をふまえて計量テキスト分析を行い、高齢者介護福祉施設従事者のキャリア形成支援について検討した結果を紹介する。

引用文献
橋本力（2016）「介護老人福祉施設における介護職員のワーク・ライフ・バランスに影響を

与える職場環境要因『介護福祉学』23（1）、30-38
橋本力（2017）「介護老人福祉施設における介護職員のワーク・ライフ・バランスと職務満足度および離職意向との関連」『老年社会科学』38（4）、401-409
引野好裕・汲田千賀子（2016）「ユニットリーダーが職員から受ける相談とその応答に関する実態調査」『介護福祉学』23（1）、60-65
Hyoseug Bae・清水由香・岡田進一（2016）「介護支援専門員の職務に関する職場内外のサポートと援助実践上の困難感との関連性」『介護福祉学』23（1）、1-9
Bonanno. A, G. (2009) *The Other Side of Sadness: What the New Science of Bereavement Tells Us About Life After Loss.* Basic Books; Reprint edition.（＝2013、高橋祥友監訳『リジリエンス─喪失と悲嘆についての新たな視点─』金剛出版）
介護労働安定センター（2014）『介護労働の現状〈2〉介護労働者の働く意識と実態』公益財団法人介護労働安定センター
北垣智基・松田美智子・南彩子（2017）「高齢者福祉施設における介護人材の共感疲労及びレジリエンス要因の分析」『天理大学社会福祉学研究室紀要』19、23-34
壬生尚美・田中康雄・金美辰（2016）「特別養護老人ホームにおける介護職員の就労継続に関する研究─就労継続意向群と離職意向群の理由から─」『介護福祉学』23（1）、20-29
Schaufeli, W. B., Salanova, M., Gonzalez-Romà, V., & Bakker, A. B. (2002). The measurement of engagement and burnout: A two sample confirmatary Factor analytic approach. *Journal of Happiness Studies*, 3, 71-92.
Southwick. S, M. & Charney. D, S. (2012) *Resilience: The Science of Mastering Life's Greatest Challenges.* Cambridge University Press.（＝2015 森下愛翻訳・西大輔・森下博文監訳『レジリエンス─人生の危機を乗り越えるための科学と10の処方箋』岩崎学術出版社）
田邊智美・岡村仁（2011）「看護師の離職意向に関連する要因の検討─緩和ケア病棟における調査結果をもとに─」『Palliative Care Research』6（1）、126-132
谷口敏代・時實亮・合田衣里ほか（2016）「介護老人福祉施設における組織の公正性と介護福祉士の相談対応力がワーク・エンゲイジメントに及ぼす影響」『介護福祉学』23（1）、10-19
東京大学社会科学研究所（2016）「働き方とライフスタイルの変化に関する全国調査2015」集計結果プレスリリース詳細資料1-23、同（2015）1-23、同（2012）1-6、同（2010）1-11、同（2008）1-11（https://csrda.iss.u-tokyo.ac.jp/panel/PR/）

第6章
高齢者介護福祉施設従事者の
キャリア形成支援の視点と課題

6-1 高齢者介護福祉施設従事者の就業継続をめざした
キャリア形成支援

　介護福祉人材の確保・育成が社会的課題とされるなか、対応策の一つとしてキャリアパスの整備やキャリア段位制度の導入など、キャリア形成支援の方策が注目されている。

　2000年以降、公益財団法人介護労働安定センターの調査などによって介護福祉現場の人手不足の深刻さが明らかになるにつれて、介護福祉分野におけるキャリア形成支援の必要性がクローズアップされるようになった。

　従来、産業・組織心理学の領域ではキャリア形成過程のストレスが離職要因になることが指摘されてきた（金井2000：外島・田中編2004等）が、介護福祉領域においては、キャリア形成の仕組み・内容そのものが未成熟である。このような経緯から、キャリアパスの整備が重要課題として着目されてきたものと考えられる。

　2007年の「社会福祉事業に従事する者の確保を図るための措置に関する基本的な指針」において「介護職の資質向上を図るキャリアパスの仕組みを構築する」ことが提言され、翌2008年には介護労働者の確保・定着等に関する研究会「中間取りまとめ」においてキャリアパスの導入が打ち出された。

　これと並行して、介護職員の処遇改善策として2009年10月に「介護職員処遇改善交付金」が創設され、2012年の介護保険制度改正によって「介護職員処遇改善加算」へと移行した。

その後、厚生労働省は2015年の介護保険制度改正に伴い介護職員処遇改善加算の見直しを行い、加算を算定できる要件としてキャリアパスの整備を課すなど、キャリア形成を促進する施策が打ち出されてきている。

　上記の動向に伴い、介護福祉分野におけるキャリア形成に関する研究も蓄積されてきている。

　介護福祉労働におけるキャリア形成について、その専門性や資格制度、人的資源管理などの観点から多角的に検討している染谷俶子らによる研究（染谷編2007：時井2008）をはじめ、経験・技能レベル別に研修ニーズを把握し対応策について検討しているもの（公益財団法人介護労働安定センター2010）や、キャリアのステージごとに介護職員のキャリア形成の実態を検討しているものがある（日本社会事業大学2012、公益財団法人介護労働安定センター2015）。また、介護福祉士資格の取得に伴う介護職のキャリア発達への影響を検討しているもの（横山・加藤2013）や、介護福祉を学ぶ学生を対象としたキャリア形成支援ツール開発に関する考察を行っているもの（根本ほか 2016；2017）がある。

　しかし、いまだ介護福祉人材確保の見通しが不明瞭な状況下であり、高齢者介護福祉施設従事者のキャリア形成支援に関する研究ついては、その実態や問題把握から対応策の提示、その効果の検証に至るまで、さらなる蓄積が望まれるところである。

　筆者らは介護人材の離職防止に向けた支援ツールの開発に向けて調査研究を行ってきたが、本章では2016年に実施した調査から得られた自由記述データを用いて、高齢者介護福祉施設従事者のキャリア形成支援に向けた視点と課題について検討することを目的に、計量テキスト分析を行った。

　分析の結果、性別・年齢・職種・経験年数などの基本属性別に、職場内の人間関係や仕事に対する評価の見直し、職業生活と個人の生活のバランスを適正に保つことや、キャリアパスの作成や業務の明確化、管理職向けの支援ツールの開発や多職種連携の具体的方法、ワーク・ライフ・バランスとの兼ね合いを視野に入れた職場環境整備など、高齢者介護福祉施設従事者のキャリア形成支援へ取り組む際の視点と課題を抽出した。

　他方で、今回の分析結果は十分な統計的有意性を示すものではなく、キャ

リア形成との関連性についても仮説的な知見にとどまるため、今回の結果にもとづく検証を重ねていくことが課題である。

研究方法は、前章で示したカード分類法の結果を用いた計量テキスト分析である。前章で示したとおり、カード分類の結果、「共感疲労を補強し離職意向につながる要因」「離職を躊躇させる要因」「仕事継続への意欲を高めレジリエンスを補強する要因」の三つのカテゴリーが生成された。

この結果をふまえ、本章では「共感疲労を補強し離職意向につながる要因」を「キャリア形成を阻害する要因」ととらえ、また「離職を躊躇させる要因」「仕事継続への意欲を高めレジリエンスを補強する要因」は「キャリア形成を支持・促進する要因」ととらえる視点から分析を行った（表6-1参照）。そして、この三つのカテゴリーに属する各項目の記述内容にもとづいてコーディングルールを作成し、性別・年齢・職種別・経験年数の4項目の基本属性とのクロス集計を行った。

計量テキスト分析ソフトは、KH Coder（Ver.2.0）を使用した。なお本章においても、介護職以外の高齢者介護福祉施設従事者を含めて検討している。

表6-1　分析の視点

カード分類の結果	分析の視点
共感疲労を補強し離職意向につながる要因	キャリア形成を阻害する要因
離職を躊躇させる要因 仕事継続への意欲を高めレジリエンスを補強する要因	キャリア形成を支持・促進する要因

本論の前に、本章で用いる「キャリア」および「キャリア形成」の意味を明らかにしておきたい。

金井壽宏はキャリア概念を「成人になってフルタイムで働きはじめて以降、生活ないし人生（life）全体を基盤にして繰り広げられる長期的な（通常は何十年にも及ぶ）仕事生活における具体的な職務・職種・職能での諸経験の連続と、（大きな）節目での選択が生み出していく回顧的意味づけ（とりわけ、一見すると連続性が低い経験と経験の間の意味づけや統合）と、将来構想・展望のパターン」（金井1999：78-79）と定義している。

この定義に示されているように、キャリアとは、あくまでも仕事生活が中

心にとらえられるものの、仕事以外の生活とも不可分であり、それらとの相互作用関係において成立しているものである。介護福祉現場で導入が進む「キャリアパス」は職業生活で求められる職務上の能力に焦点を当てるものであるが、本章で用いるキャリア概念はこのような概念とは異なり、より広く、家庭生活なども含めた生活全体を視野に入れて用いるものとする。

次いでキャリア形成についてである。

キャリアには、主観的側面と客観的側面があるといわれている。すなわち「キャリアの主観的な側面は、働くことに関連した情動や心理や精神など、個人の内面の変化を表わす」ものであり、「キャリアの客観的な側面は、従事している仕事の名称や業績や報酬や地位など、働くことに関連した個人の外面の変化を示す」ものとされる（武田2004：214）。キャリア形成について検討する際も、主観的側面と客観的側面のいずれに焦点を当てるかによって、研究の対象が異なる。

本章は主に個々人の意識、すなわち前者の主観的側面に焦点を当てている。ただし、客観的側面にかかわる課題についてもわずかに言及している。

6-2　高齢者介護福祉施設で従事する人の属性別キャリア支援のポイント

分析結果については、クロス集計表に加えてバブルプロットで表したものも示している。バブルプロットは、コード出現率が大きいほど正方形が大きく、かつ残差が大きいほど正方形の色が濃くなるよう設定されている（この点については樋口［2014］の第3章に詳しい）。また、統計的な有意性を示すものではないが、バブルプロットで残差が大きく見られた項目や、中項目でクロス集計を行った際の特徴的な結果にも着目した。

まず、性別で見た結果は、表6-2、図6-1、図6-2のとおりである。

職場内コミュニケーションについては、男性が「同僚との問題」を、女性が「上司の問題」を多く挙げる傾向が見られた。職場内コミュニケーションの問題はカード数がもっとも多く、また以下でも確認しているように、いずれの基本属性においても特徴が見られた。

さらに男性は、職場内コミュニケーションのうち「不当な扱い」も問題にしていて、「自分に対する不当な評価や扱い」「納得のいかない人事異動や業務」「希望する業務内容との乖離」などの記述が見られた。他方で、仕事の達成感や成長の実感がキャリア形成の促進につながる要因になると解釈できる記述が見られた。

表6-2　大項目と性別のクロス集計結果

	共感疲労を補強し離職意向につながる要因				離職を躊躇させる要因		仕事継続への意欲を高めレジリエンスを補強する要因			ケース数
	職場内コミュニケーション	WLBとの兼ね合い	仕事への評価	利用者との対応	現実逃避	現実重視	利用者による支え	職場の支えや理解者の存在	仕事からの学びや発見・自己の成長を実感	
男性	**32 (11.99%)**	18 (6.74%)	14 (5.24%)	3 (1.12%)	**22 (8.24%)**	13 (4.87%)	46 (17.23%)	24 (8.99%)	**28 (10.49%)**	267
女性	128 (9.85%)	**111 (8.55%)**	98 (7.54%)	34 (2.62%)	74 (5.70%)	75 (5.77%)	247 (19.01%)	111 (8.55%)	97 (7.47%)	1299
合計	160 (10.22%)	129 (8.24%)	112 (7.15%)	37 (2.36%)	96 (6.13%)	88 (5.62%)	293 (18.71%)	135 (8.62%)	125 (7.98%)	1566
カイ2乗値	0.877	0.729	1.436	1.544	2.067	0.193	0.355	0.013	2.354	

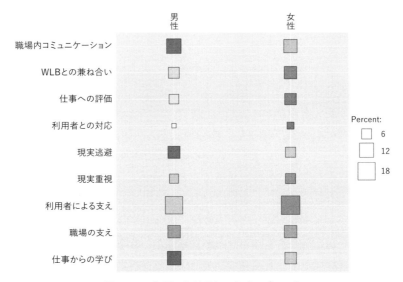

図6-1　大項目と性別のバブルプロット

第6章　高齢者介護福祉施設従事者のキャリア形成支援の視点と課題

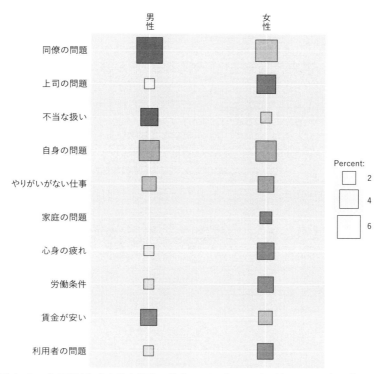

図6-2　中項目(共感疲労を補強し離職につながる要因)と性別のバブルプロット

　一方女性のほうに、仕事と家事・育児の両立、仕事と家族介護とのバランスが取れない、という記述が見られ、「ワーク・ライフ・バランスとの兼ね合い」が崩れると離職につながりやすい傾向がうかがえる。

　中項目のバブルプロット(図6-2)を見ると、「家庭の問題」は女性のみが回答している点が象徴的でもある。

　これは、産業・組織心理学の領域で指摘される「ワーク・ファミリー・コンフリクト」が生じている事態であるとも解釈できる。金井篤子によれば、ワーク・ファミリー・コンフリクトとは「仕事と家庭との間で生じる葛藤」であり、より具体的には「仕事で成功しようと思うと、家庭を犠牲にしなければならないし、家庭でうまくやろうとすると、仕事が犠牲になる(かもしれない)ということから生じる葛藤」(金井2002b：12)とされる。

　この結果から、性別役割分担意識はまだまだ根強いことが推察される。

次に年齢別で見た結果は、表6-3、図6-3、図6-4のとおりである。

表6-3　大項目と年齢のクロス集計結果

	共感疲労を補完し離職意向につながる要因				離職を躊躇させる要因		仕事継続への意欲を高めレジリエンスを補強する要因			ケース数
	職場内コミュニケーション	WLBとの兼ね合い	仕事への評価	利用者との対応	現実逃避	現実重視	利用者による支え	職場の支えや理解者の存在	仕事からの学びや発見・自己の成長を実感	
20代以下	33 (8.94%)	35 (9.49%)	29 (7.86%)	12 (3.25%)	18 (4.88%)	16 (4.34%)	**90 (24.39%)**	28 (7.59%)	33 (8.94%)	369
30代	21 (9.09%)	19 (8.23%)	**23 (9.96%)**	7 (3.03%)	16 (6.93%)	16 (6.93%)	35 (15.15%)	19 (8.23%)	20 (8.66%)	231
40代	**62 (14.39%)**	**45 (10.44%)**	34 (7.89%)	7 (1.62%)	33 (7.66%)	28 (6.50%)	58 (13.46%)	44 (10.21%)	28 (6.50%)	431
50代以上	45 (9.68%)	31 (6.67%)	24 (5.16%)	12 (2.58%)	29 (6.24%)	28 (6.02%)	**111 (23.87%)**	46 (9.89%)	44 (9.46%)	465
合計	161 (10.76%)	130 (8.69%)	110 (7.35%)	38 (2.54%)	96 (6.42%)	88 (5.88%)	294 (19.65%)	137 (9.16%)	125 (8.36%)	1496
カイ2乗値	<u>8.404</u>*	4.421	5.898	2.444	2.683	2.358	<u>23.927</u>**	2.208	2.883	

＊＊p＜.01、＊p＜.05（コード出現率に性別で差があるかを見るx^2検定）

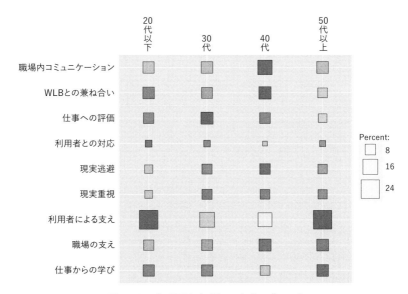

図6-3　大項目と年齢のバブルプロット

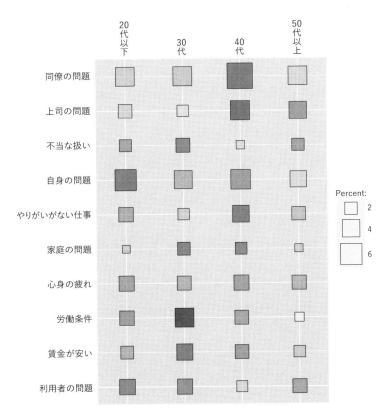

図6-4 中項目(共感疲労を補強し離職につながる要因)と性別のバブルプロット

　年齢別ではまず、20代以下と50代以上の職員が利用者からのサポートを多く受けている点が特徴的である。

　20代以下の職員は利用者との世代間格差が大きく、職務を遂行していく直接的なかかわりの場面を通して利用者や家族からの学びによるサポートを受けている様子が詳述されていた。

　一方、50代以上の職員は逆に利用者との世代間格差が縮小し、自らが生活・人生経験を重ねるなかで利用者やその家族への共感的理解が進み、仕事を通して自身が身につまされる部分がある反面、利用者やその家族の心情理解から多くの癒しを受けている記述が見られた。

　40代の職員は、職場内コミュニケーションや仕事への評価がストレス源

になっている。仕事を遂行するうえで独り立ちが可能になると、周囲のことが見えるようになる。めざす理念やアプローチの方法論が上司や同僚とうまく共有ないし合意できないとストレスになり、自己への周囲からの評価が気になりだす時期でもある。同期入職者のなかには管理職に就く人も現れ、人事考課に納得がゆかず焦りが生じる場合もある。逆に自身が管理職となったが、自分には荷が重いとストレスに感じている記述も見られた。

30代の特徴は「仕事への評価」のうち、特に「労働条件」の問題が相対的に高い割合で挙げられた。この頃から、一般企業などで働いている同期の友人・知人との賃金の差が開いていくものと考えられる。

続いて職種別の結果は、表6-4、図6-5のとおりである。

職種については、全職種だと度数5未満のセルが多数だったため、相対的にケース数の多かった「介護職」「相談員」「看護職」の3職種に限定して再集計を行った。その結果、一部に関連性が示唆された(表6-5、図6-6)。

介護職と看護職は、利用者から受けるサポートが大きい点に特徴がある。両者は業務内容が明確なうえに、利用者とのかかわりの時間が一定確保されている職種でもある。

他方で相談員は「利用者による支え」が相対的に少なかった。「利用者としっかり向き合えているのか不安を感じる」といった記述も目立った。相談員業務がいまだに整理されきれていないため、その専門性が発揮できないと感じていることがストレスの一つになっていると解釈される。

職場内コミュニケーションの問題に注目すると、相談員の具体的な記述には「上司の問題」が高い割合にある点に特徴があり、「理不尽な対応」「意見の対立」「サポートの不在」「ハラスメント」などに関する記述が見られた。

看護職は同僚にストレスを感じており、「コミュニケーションが取れない」「チームとしてのまとまりが感じられない」「職員間での信頼を失いかけたとき」などの記述が見られた。

なお参考までに、上記3職種以外に事務職と管理職の特徴的な結果も見ておく。事務職は、仕事のやりがいが感じられないと離職意向が働くようである(図6-7)。特に仕事のやりがいに関しては、仕事で楽しいことが「ない」という回答が他職種と比較して多く、特徴的であった。

第6章　高齢者介護福祉施設従事者のキャリア形成支援の視点と課題

表6-4　大項目と職種のクロス集計結果

	共感疲労を補強し離職意向につながる要因				離職を躊躇させる要因		仕事継続への意欲を高めレジリエンスを補強する要因			ケース数
	職場内コミュニケーション	WLBとの兼ね合い	仕事への評価	利用者との対応	現実逃避	現実重視	利用者による支え	職場の支えや理解者の存在	仕事からの学びや発見・自己の成長を実感	
介護職	75 (8.14%)	82 (8.90%)	80 (8.69%)	33 (3.58%)	53 (5.75%)	53 (5.75%)	**215 (23.34%)**	72 (7.82%)	67 (7.27%)	921
相談員	35 (14.34%)	20 (8.20%)	13 (5.33%)	3 (1.23%)	19 (7.79%)	15 (6.15%)	27 (11.07%)	25 (10.25%)	21 (8.61%)	244
看護職	13 (13.27%)	6 (6.12%)	7 (7.14%)	1 (1.02%)	7 (7.14%)	6 (6.12%)	22 (22.45%)	13 (13.27%)	5 (5.10%)	98
栄養部門	13 (15.29%)	8 (9.41%)	7 (8.24%)	0 (0.00%)	5 (5.88%)	4 (4.71%)	15 (17.65%)	**15 (17.65%)**	9 (10.59%)	85
事務職	9 (17.65%)	**9 (17.65%)**	1 (1.96%)	0 (0.00%)	5 (9.80%)	6 (11.76%)	5 (9.80%)	4 (7.84%)	5 (9.80%)	51
管理職	**12 (27.91%)**	1 (2.33%)	0 (0.00%)	0 (0.00%)	2 (4.65%)	1 (2.33%)	5 (11.63%)	3 (6.98%)	4 (9.30%)	43
リハビリ	1 (10.00%)	1 (10.00%)	0 (0.00%)	0 (0.00%)	0 (0.00%)	0 (0.00%)	2 (20.00%)	1 (10.00%)	**3 (30.00%)**	10
その他	3 (6.82%)	3 (6.82%)	2 (4.55%)	1 (2.27%)	5 (11.36%)	3 (6.82%)	3 (6.82%)	4 (9.09%)	11 (25.00%)	44
合計	161 (10.76%)	130 (8.69%)	110 (7.35%)	38 (2.54%)	96 (6.42%)	88 (5.88%)	294 (19.65%)	137 (9.16%)	125 (8.36%)	1496
カイ2乗値	28.691**	8.565	10.868	11.593	5.238	5.146	29.522**	12.047	25.560**	

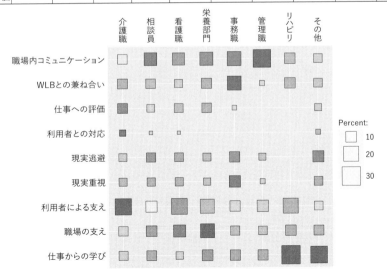

図6-5　大項目と職種のバブルプロット

表6-5　大項目と職種(3職種)のクロス集計結果

	共感疲労を補強し離職意向につながる要因				離職を躊躇させる要因		仕事継続への意欲を高めレジリエンスを補強する要因			ケース数
	職場内コミュニケーション	WLBとの兼ね合い	仕事への評価	利用者との対応	現実逃避	現実重視	利用者による支え	職場の支えや理解者の存在	仕事からの学びや発見・自己の成長を実感	
介護職	75 (8.14%)	82 (8.90%)	80 (8.69%)	33 (3.58%)	53 (5.75%)	53 (5.75%)	**215 (23.34%)**	72 (7.82%)	67 (7.27%)	921
相談員	**35 (14.34%)**	20 (8.20%)	13 (5.33%)	3 (1.23%)	19 (7.79%)	15 (6.15%)	27 (11.07%)	25 (10.25%)	21 (8.61%)	244
看護職	**13 (13.27%)**	6 (6.12%)	7 (7.14%)	1 (1.02%)	7 (7.14%)	6 (6.12%)	**22 (22.45%)**	13 (13.27%)	5 (5.10%)	98
合計	123 (9.74%)	108 (8.55%)	100 (7.92%)	37 (2.93%)	79 (6.25%)	74 (5.86%)	264 (20.90%)	110 (8.71%)	93 (7.36%)	1263
カイ2乗値	__9.941__**	0.925	3.071	5.119	1.502	0.067	__17.743__**	4.204	1.298	

＊＊p＜.01（コード出現率に職種別で差があるかを見るχ^2検定）

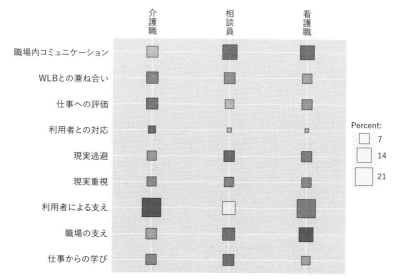

図6-6　大項目と職種(3職種)のバブルプロット

　管理職は、仕事の評価や上司との関係、特に中間管理職は介護職をはじめ他職種とのサンドイッチ状態やサンドバック状態などがストレス源になっている実態がうかがえた。

第6章　高齢者介護福祉施設従事者のキャリア形成支援の視点と課題

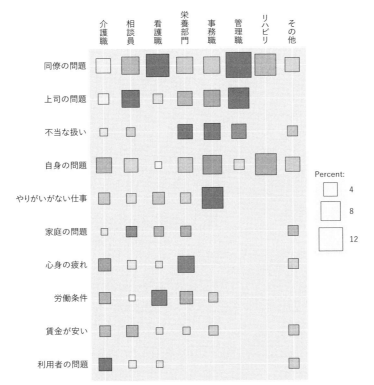

図6-7　中項目(共感疲労を補強し離職につながる要因)と職種のバブルプロット

経験年数別の分析結果は、表6-6、図6-8、図6-9のとおりである。

図6-8、図6-9を見ると、「5年以上10年未満」と「15年以上」の職員は「職場内コミュニケーション」がストレス源となっている傾向がうかがえる。

「5年以上10年未満」では、同僚との関係において「意見が合わない」「思いが伝わらない」「連携できない」「性格が合わない」「いじめがあった」などの記述が見られた。また「15年以上」では、「上司との考え方の違い」「理不尽な対応」「信頼されない・不信」「モラハラ、パワハラ」「守ってくれない」など、上司の問題が挙げられた。

介護福祉現場では一般企業などと比較して早期に管理職に登用される場合があるが、その際、同期入社の職員との関係に悩んだり、部下との向き合い方に苦慮している実態がある。反対に自分の能力が正当に評価されないこと

や、組織内で期待される自己への役割や立場が重圧になるなど、職場配置や職位のミスマッチが離職意向を増進するリスクになるとも解釈できる。

表6-6 大項目と経験年数のクロス集計結果

	共感疲労を補強し離職意向につながる要因				離職を躊躇させる要因		仕事継続への意欲を高めレジリエンスを補強する要因			ケース数
	職場内コミュニケーション	WLBとの兼ね合い	仕事への評価	利用者との対応	現実逃避	現実重視	利用者による支え	職場の支えや理解者の存在	仕事からの学びや発見・自己の成長を実感	
5年未満	34 (8.95%)	27 (7.11%)	28 (7.37%)	9 (2.37%)	16 (4.21%)	21 (5.53%)	**89 (23.42%)**	38 (10.00%)	31 (8.16%)	380
5年以上10年未満	**44 (12.05%)**	35 (9.59%)	29 (7.95%)	14 (3.84%)	28 (7.67%)	23 (6.30%)	68 (18.63%)	25 (6.85%)	34 (9.32%)	365
10年以上15年未満	33 (9.02%)	37 (10.11%)	**37 (10.11%)**	7 (1.91%)	22 (6.01%)	21 (5.74%)	73 (19.95%)	35 (9.56%)	31 (8.47%)	366
15年以上	**48 (12.66%)**	30 (7.92%)	16 (4.22%)	8 (2.11%)	29 (7.65%)	23 (6.07%)	64 (16.89%)	38 (10.03%)	28 (7.39%)	379
合計	159 (10.67%)	129 (8.66%)	110 (7.38%)	38 (2.55%)	95 (6.38%)	88 (5.91%)	294 (19.73%)	136 (9.13%)	124 (8.32%)	1490
カイ2乗値	4.549	2.798	**9.687***	3.37	5.126	0.238	5.493	3.086	0.929	

＊p＜.05（コード出現率に経験年数別で差があるかを見るχ^2検定）

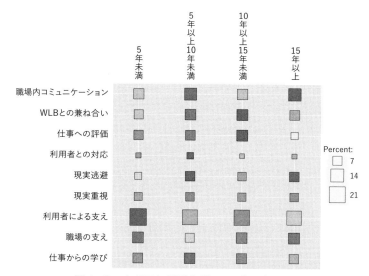

図6-8 大項目と経験年数のバブルプロット

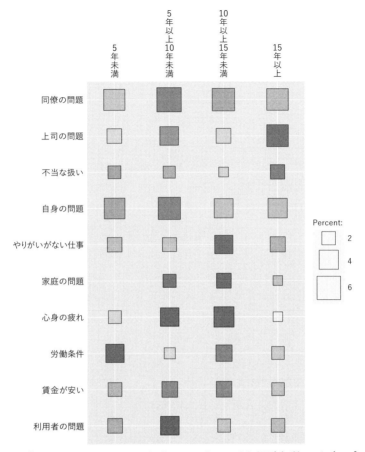

図6-9　中項目(共感疲労を補強し離職につながる要因)と経験年数のバブルプロット

　また、ここで注目しておきたいのは、「10年以上15年未満」の「仕事への評価」に関して、中項目（図6-9）で特に「心身の疲れ」に関する記述が多く見られた点である。しかも、「5年未満」と比較して「5年以上10年未満」から「10年以上15年未満」へと次第に割合が高くなっている。具体的には「自分の体力が低下してきている」「疲れがとれないときがある」「仕事に疲れすぎて嫌になったとき」「体力的、精神的に疲れてきたとき」などの記述が見られた。

　5年未満の職員は、利用者に支えられている傾向が見られた。

6-3　職場環境の整備とキャリア支援

　いずれの基本属性でも見られた職場内コミュニケーションの問題については、介護労働安定センターによる調査でも最大の離職理由として職場の人間関係が指摘されていることから、本章の結果と合致する。

　人間関係の問題は同僚に関する記述と上司に関する記述に分かれたが、金井（2000）によるキャリアストレスに関する研究においても、上司との関係は「垂直的交換関係」、同僚との関係は「水平的交換関係」として、キャリア形成に影響を及ぼす因子に含まれている。

　同僚の問題に対しては、人間関係づくりや同職種多職種とのチームワークについて学ぶ研修などが有効と思われる。また、上司の問題に関しては、リーダー・管理者としての役割や、部下の育て方など、スーパーバイザーとしてのキャリア形成が可能となるプログラムが重要といえる。

　先行研究でも（緒形ほか2015）、特別養護老人ホームの介護職と看護職の離職予防のために、職員と幹部との積極的情報交流、キャリアアップ制度やサポート体制の充実が必要であるとしている。そして各現場で相談体制の整備や人間関係の点検が行われる機会を設けること、場合によっては葛藤関係の解決に向けて第三者が介入することも必要である。たとえば、接点を減らすための配置換えなどの対応が考えられる。

　次いで性別で見た特徴として、男性に「不当な扱い」に関する記述が多かった。これに関して澤田（2007）は、介護従事者についても女性と比較して男性に強い昇進意思をもつ傾向があることを指摘している。すなわち、男性のほうが職業上のキャリアに対してセンシティブ（敏感）であると考えられる。

　このことから、職業上のキャリア形成を適切にサポートし、その結果としての業務内容への評価（昇進・昇格・報酬・人事管理が重要）や自己成長が感じられるような環境整備が課題になるといえる。

　また男性は、現実逃避による合理化によって離職を躊躇する傾向も見られるが、合理化志向には「職場内コミュニケーションを断つ」「話が通じない人とは口をきかない」などの記述も見られる。こうした状況を放置すると、

職場の雰囲気や人間関係に悪影響を及ぼし、連鎖的に退職者が続くリスクも危惧される。

女性の特徴として見られたワーク・ファミリー・コンフリクトに対しては、子育て支援や家族介護支援策など、単に制度を導入するだけではなく、実効性があり各職場に適した柔軟な活用のための対応策の充実が望まれる。

ただし、制度を導入していても同僚間で制度活用者への理解がないと、就業継続は困難となる。残業や夜勤がない部署への異動も、新たな人間関係の構築を必要とする職場環境ではストレスを感じ、異動という対応策が裏目に出て、結果的に退職につながる場合もある点に留意が必要である。

年齢別で見た特徴をふまえると、利用者からのサポートが多く得られていた20代については、これからキャリアを積み重ねていく段階にあることから、早期からのキャリア・イメージの構築を支援することがキャリア形成支援として重要といえる。

たとえば、プリセプター制の導入など入職時の新人研修体制を充実させ、新入職時からレジリエンスを高める工夫を盛り込んだキャリアパスなどを提示しながら、利用者とのよい体験が意図的に蓄積されるよう成長過程モデルを「見える化」することが有効ではないかと考える。

同様に利用者からのサポートが大きかった50代については、自らが蓄積してきた人生経験や現場経験、そして知識・技術をもとに、若年層や中間層を支える役割を担う仕組みをつくることにより、組織内でのキャリア形成支援が複合的に機能するものと思われる。

40代の職場内コミュニケーションの問題については、「中期キャリアの危機」との関連性が推察される。金井は次のように指摘している。

> 「中期キャリア期では、職務上の専門性を発揮し、責任を担う。メンターとの関係を強化するとともに、自分自身が後進のメンターとなる準備をはじめなければならない。
>
> と同時に、自分の能力や才能・価値を評価し、組織における機会を評価することによって『先の見通しがついてくる』あるいは『先が見えてくる』ともいえる。

> 先がみえてくることによって、場合によっては転職するなど、人生における重大な時期にさしかかる。これを『中期キャリア危機』と呼んでいる。ここでは、キャリアに対して持っていた夢や抱負と現実とのギャップに気付き、これを受け入れるか、あるいはギャップを調整するための行動を起こすかを決定しなければならない」(金井2002a：5-6)

　そのため、職員各自が自己覚知できる機会やスーパービジョンを受ける保障、人事考課システムの明確化や管理職用の支援ツールも必要と考えられる。

　また、この年代ではほかの事業所でやり直しが十分可能であり、介護関連の事業者数が増加し経験者の引き抜きが盛んに行われている昨今では、転職の誘惑に駆られる時期でもある。手塩にかけて育てた人財を流出させないような対策が必要でもある。

　賃金を中心とした労働条件の問題に関する記述が見られた30代の職員については、一定期間就労している介護福祉現場のリーダーに対する賃金保障に向けた議論も進んでいるが、介護福祉現場からも組織的に公的保障を求めていくと同時に、他分野と比較しても見劣りしない賃金水準を実現させることが必要であろう。

　職種別で見た特徴として、介護職と看護職は利用者からのサポートが大きい結果が示された。この結果をふまえると、能力開発を中心とした研修・教育が、さらなるキャリア形成に向けた好循環を生み出すと考えられる。

　他方で相談員は、利用者によるサポートが相対的に少なかった。職種間の調整機能という相談員の専門性が活かされなければ、チーム力や組織力が発揮されないという悪循環を招き、仕事継続へのモチベーションを低下させる誘因になることも懸念される。加えて相談員には上司とのコミュニケーション不全が見られたため、上司に対する教育・研修などが必要と考えられる。

　看護職については、介護職との間での葛藤関係も推察されるため、異職種間で役割の理解を深め、チームづくりを行っていくことが課題になると考えられる。

　中間管理職のストレスに対しては、介護労働安定センターによる調査研究(2015)のような中間管理職に焦点を当てた研究などの蓄積とともに、管理職

用・多職種連携用の支援ツールの開発が望まれる。

　事務職については、「やりがいがない」という回答が特徴的であったが、この点は職業的アイデンティティの問題とも関連性があると考えられる。

　組織におけるストレス要因の一つに「役割曖昧性（role ambiguity）」があるが、企業におけるメンタルヘルス風土について検討した金井らは、ストレッサー尺度のなかでも役割曖昧性がもっともストレインとの結びつきが強く、企業における個人の積極的・前向きな行動や感情を大きく阻害することを指摘している（金井・若林 1998：78）。

　川口（2013）は事務労働を「組織づくりになくてはならない仕事」としてとらえ、具体的な職務内容のあり方について論じている。事務労働の組織内における位置づけや価値をこうした観点で確認・共有すると同時に、キャリアパスなどを明確化することで、職業的アイデンティティの確立につなげていく必要がある。

　経験年数別で見ると、「10年以上15年未満」の人びとの「心身の疲れ」に関する記述が多い点に特徴があった。

　岡本は、中年期（40代）のアイデンティティ危機に関して「中年期のネガティブな変化の体験」（表6-7）を紹介している。本稿の経験年数「10年以上15年未満」が中年期に該当するかどうかは明確に判断できないが、この年代の人が疲労の蓄積やその改善・回復の見通しがもてないときに、離職につ

表6-7　中年期のネガティブな変化の体験

1．以前に比べて、健康に対する関心が増してきた。
2．私は、もう若くないと感じる。
3．疲労回復が遅い、酒に弱くなった、睡眠不足がこたえるなど、老化や体力の衰えを感じる。
4．私の年齢から考えると、何か新しいことを始めたり、チャレンジするにはもう遅すぎると感じる。
5．これから将来、自分が元気で働ける年月・時間には限りがあると感じる。
6．近親者や友人・知人の死によって、自分の寿命はあと何年くらいかと考えることがある。
7．以前のように仕事に集中できないし、あまり意欲もわかない。
8．これから将来、自分のできる仕事・業績や出世などに限界を感じる。
9．いろいろなことに対して消極的になってきた。現状を維持できれば、それでよいと思ってしまう。
10．自分の老いゆく姿や死について関心が増してきた。

出所：岡本祐子（2002）「中年のアイデンティティ危機をキャリア発達に生かす―個としての自分・かかわりの中での自分―」『Finansurance』通巻40号、Vol.10 No.4、17頁

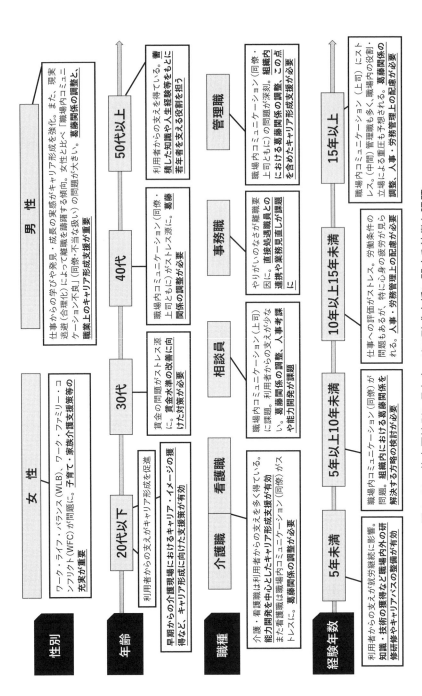

図6-10　基本属性別に見たキャリア形成支援に関する特徴と課題

ながり得る点には注意が必要である。

　これは人事・労務管理の課題であるが、場合によっては職務の過剰が疲労を引き起こしている場合もあるため、各人の業務量を把握しつつ、状況に応じて調整していく必要がある。

　5年未満の新人職員は、利用者との接触場面（直接介護）でトラウマとなるような体験をすると精神的に弱い部分があるが、福祉領域以外の分野からの新卒者や他職域からの転職者が多い昨今では、認知症ケアや身体介護の技術や方法などの知識の補充が適正にあれば、容易に乗り越えられる課題であるとも思われる。

　以上、高齢者介護福祉施設の従事者を対象に実施した調査データのうち、質的データの分析を通じてキャリア形成支援に向けた視点と課題について考察した。その要点を、図6-10のように整理した。

　述べてきたように、職場内の人間関係や仕事に対する評価の見直し、職業生活と個人の生活のバランスを適正に保つこと、介護キャリアパスの作成や業務の明確化、管理職向けの支援ツールの開発や多職種連携の具体的方法、ワーク・ライフ・バランスとの兼ね合いを視野に入れた職場環境の整備について、それぞれ検討が必要である。

　他方で、計量テキスト分析の結果、クロス集計においては統計的な有意性が観察できたものはわずかであった。また、キャリア形成との関連性についても仮説的な知見にとどまるものであり、一般化できるものではない。今回の結果にもとづき、さらなる検証を行っていく必要がある。

　加えて、ほかの領域では、本稿でもふれたワーク・ファミリー・コンフリクト（渡井ほか 2006）や、キャリア・レジリエンス（児玉 2015）などの測定尺度が開発されていることから、本研究の問題関心をさらに深めていくためにも、介護福祉の領域で検証していくことが求められるといえよう。

引用文献
樋口耕一（2014）『社会調査のための計量テキスト分析―内容分析の継承と発展を目指して―』ナカニシヤ出版
介護労働安定センター（2010）『介護労働者のキャリア形成に関する研究会　最終報告書』公益財団法人介護労働安定センター

介護労働安定センター（2015）『介護事業所における中間管理者層のキャリア形成に関する研究会報告書』公益財団法人介護労働安定センター
金井篤子（2000）『キャリア・ストレスに関する研究―組織内キャリア開発の視点からのメンタルヘルスへの接近』風間書房
金井篤子（2002a）「キャリア発達と節目ストレス」『Finansurance』通巻40号、Vol.10 No.4、4-14
金井篤子（2002b）「ワーク・ファミリー・コンフリクトの規定因とメンタルヘルスへの影響に関する心理的プロセスの検討」『産業・組織心理学研究』15（2）、107-122
金井篤子・若林満（1998）「企業内におけるメンタルヘルス風土に関する研究」『実験社会心理学研究』38（1）、63-79
金井壽宏（1999）『経営組織』日本経済新聞社
川口啓子（2013）『職場づくりと民主主義―仕組み・会議・事務』文理閣
児玉真樹子（2015）「キャリアレジリエンスの構成概念の検討と測定尺度の開発」『心理学研究』86（2）、150-159
根本曜子・川村博子・古川繁子ほか（2016）「福祉分野におけるキャリア形成支援ツール開発に関する研究その1」『植草学園短期大学研究紀要』第17号、27-30
根本曜子・川村博子・古川繁子ほか（2017）「福祉分野におけるキャリア形成支援ツール開発に関する研究その2」『植草学園短期大学研究紀要』第18号、9-15
日本社会事業大学（2012）『介護職員の初期キャリアの形成に関する調査研究事業』学校法人日本社会事業大学
緒形明美・會田信子・長屋央子（2015）「介護老人福祉施設における介護職と看護職の離職予防についての検討」『日本看護科学会誌』Vol.35、90-100
岡本祐子（2002）「中年のアイデンティティ危機をキャリア発達に生かす―個としての自分・かかわりの中での自分―」『Finansurance』通巻40号、Vol.10 No.4、15-24
澤田有希子（2007）「介護職のキャリア意識にみるジェンダー構造―高齢者福祉施設調査を通して―」『関西学院大学人権研究』第11号、27-37
染谷俶子編著（2007）『福祉労働とキャリア形成―専門性は高まったか』ミネルヴァ書房
武田圭太（2004）「8章　有能感が推進するキャリア発達」外島裕・田中堅一郎編『増補改訂版　産業・組織心理学エッセンシャルズ』ナカニシヤ出版
時井聡（2008）「福祉介護労働者のキャリア形成」『淑徳大学総合福祉学部研究紀要』42、77-113
外島裕・田中堅一郎編（2004）『増補改訂版　産業・組織心理学エッセンシャルズ』ナカニシヤ出版
渡井いずみ・錦戸典子・村嶋幸代（2006）「ワーク・ファミリー・コンフリクト尺度（Work-Family Conflict Scale: WFCS）日本語版の開発と検討」『産業衛生学雑誌』48、71-81
横山正子・加藤友野（2013）「介護職のキャリア発達支援のあり方に関する研究―統計分析を基に―」『神戸女子大学健康福祉学部紀要』5、1-9

第7章
支援者支援（職務ストレス・レジリエンスセルフチェック）ツールの概要と活用方法

7-1　支援者支援ツールの概要

　筆者らは2015年に高齢者介護福祉施設における介護職員をはじめとする従事者にインタビュー調査を行い、最初の仮説を提示した（第3章、図3-1）。
　さらに2016年には、この仮説と先行調査研究を参考に「ストレス」および「レジリエンス」について各25項目の指標となる設問項目を作成のうえ、697名に対してアンケート調査を実施した（第4章参照）。その結果、共感疲労について5因子（30項目）、レジリエンスについて5因子（30項目）を確定し、セルフチェックリストの原型を作成した。
　ついで2017年には、8つの社会福祉法人で働く合計600名の高齢者介護福祉施設の従事者の調査協力を得て、有効性を検証した（第8章参照）。また、設問項目ごとに標準偏差を析出して偏差値換算表を作成し、「ストレス」「レジリエンス」の良好レベル・平均的レベル・要注意レベルが自己チェックできるようにした。
　このセルフチェックリストをツールとして活用していくことで、自分自身の共感疲労やレジリエンスの度合いを自己覚知し、共感疲労を低減してレジリエンスを高める対応策を講じ、その結果、自分自身の職業継続へのモチベーションをあげるとともにキャリア形成を深化させていけると考えた。
　すなわち本ツールの活用は、支援者自身がサポートされ、質の高い支援をサービス利用者に還元できることをめざすものである。
　「支援者支援（職務ストレス・レジリエンスセルフチェック）ツール」は巻末

に掲載しているので、現場での有効活用を期待したい。またこのツールの作成経過と詳細な内容および具体的な活用方法については、天理大学ウェブ上で公開している天理大学リポジトリ（https://opac.tenri-u.ac.jp/opac/repository/metadata/）『支援者支援ツール活用ガイド』を参照されたい。

この「活用ガイド」と内容的に重複する部分もあるが、本章では、筆者らが支援者支援ツールとして作成した「共感疲労に関するチェックリスト」並びに「レジリエンスに関するチェックリスト」の判定結果の見方、および判定結果によって対策を講じる必要がある場合の改善策について述べていく。

7-2　判定結果の見方

チェックリストでは、共感疲労およびレジリエンスを構成する各30項目の質問を設定している。普段の自分自身の行動や考え方、仕事の進め方などを思い返し、チェックリストにある30項目の質問に対してそれぞれ5段階で評価して、解答欄に1〜5点の点数を記入する。

設問に対して強くそう思えば5点、まったく思わなければ1点とし、自分自身の感じ方を1〜5点で採点する。30項目すべてに回答し終わったら、解答欄の点数を各枠縦に合計し、A〜Eの欄に合計点を記入する。

合計欄についているA〜Eは、表7-1のとおり共感疲労およびレジリエンスを構成する各因子に対応している（表7-1）。

表7-1　アルファベットと各因子の対応表

	共感疲労の因子	レジリエンスの因子
A	精神的消耗感	前向きな気持ちへの切りかえ
B	援助者としての規範意識へのとらわれ	人的サポート
C	利用者との対応場面でのストレス	自己肯定感
D	援助者としての感情管理	職場のサポート
E	心身のストレス反応	困難への対処法

A〜Eの欄に記入された自分自身の数値（A〜Eの得点）と、すでに調査済みの600名分のデータの平均値とを比較し、600名分のデータにもとづいて

各得点を偏差値に換算した図と対比させてみる。

　偏差値とは、多くのサンプルデータのなかで、ある数値がどのくらいの位置にあるかを示す「ものさし」となるものである。また、偏差値に換算した場合、40以下の範囲には下位の約16％、40以上～60以下の範囲には中間の約68％、60以上の範囲には上位の約16％のデータが入るとされている。

　これを一つの目安として偏差値換算表（巻末資料参照）を作成した。これにもとづいて得た得点結果と注意レベルについては、五角形のレーダーチャート図で確認できる。

　なお、偏差値換算表を作成してストレスやレジリエンスの度合いを測定する、というアイデアについては、関谷（2016：12）を参考にしていることをお断りしておきたい。

　この偏差値換算表にもとづいて作成されたのが、「共感疲労得点の結果と注意レベル」（図7-1、表7-2）および「レジリエンス得点の結果と注意レベル」（図7-2、表7-3）である。

　これは、偏差値40以上60以下に入る得点を「平均的」な範囲、偏差値40以下と60以上の得点の範囲を「良好」あるいは「要注意」とみなして（共感疲労については、得点が低い＝疲労度が低いほうを「良好」とし、反対に得点が高い＝疲労度が高いほうを「要注意」とした。レジリエンスについては得点が低い＝レジリエンスが低いほうを「要注意」とし、反対に得点が高い＝レジリエンスが高いほうを「良好」とした）、三つの得点の範囲をレーダーチャート内に示したものである（図7-1、図7-2）。

　レーダーチャート内には、中心から一番外側の30点まで、5点間隔で実線を引いている。ここに、共感疲労およびレジリエンスの各因子（A～E）の得点結果を記入することで、自分の結果がどの注意レベルに入るのかが一目でわかる。

　自分自身の回答結果が、「良好」もしくは「平均的」な範囲に入れば、現状を維持するか、さらに強化できればいっそうよいといえる。とはいえ、平均的な範囲でも要注意に近い場合は、意識的に強化することが望まれる。

　要注意の範囲に入った場合には、何らかの対応策が必要である。ここでは対応策の一例について述べるが、この結果は、職場（施設）によっても個人

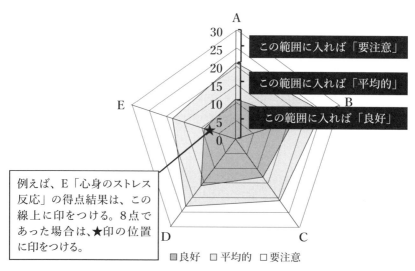

図7-1　共感疲労得点の結果と注意レベル

表7-2　共感疲労得点の結果と注意レベル

	共感疲労項目	良好	平均的	要注意
A	精神的消耗感	6〜11点	12〜21点	22〜30点
B	援助者としての規範意識へのとらわれ	6〜17点	18〜25点	26〜30点
C	利用者との対応場面でのストレス	6〜13点	14〜21点	22〜30点
D	援助者としての感情管理	6〜16点	17〜23点	24〜30点
E	心身のストレス反応	6〜9点	10〜18点	19〜30点

によっても差があり、またおかれている職場環境や状況あるいは時間の経過によっても変化するものであることはいうまでもない。

7-3　判定結果にもとづく対応策

A〜Eに記入された数値を、五角形のレーダーチャートの数値に対応する箇所に印を入れて線で結び五角形を作成する。共感疲労の場合、小さな五角形が描出されるほど共感疲労は小さく、大きな五角形が描出されると共感疲労が大きいことを表す。レジリエンスは逆で、小さな五角形はレジリエンス

第7章　支援者支援（職務ストレス・レジリエンスセルフチェック）ツールの概要と活用方法

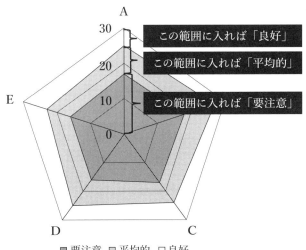

図7-2　レジリエンス得点の結果と注意レベル

表7-3　レジリエンス得点の結果と注意レベル

	レジリエンス項目	要注意	平均的	良好
A	前向きな気持ちへの切りかえ	6〜17点	18〜25点	26〜30点
B	人的サポート	6〜18点	19〜27点	28〜30点
C	自己肯定感	6〜17点	18〜24点	25〜30点
D	職場のサポート	6〜16点	17〜25点	26〜30点
E	困難への対処法	6〜16点	17〜23点	24〜30点

が低く、大きな五角形はレジリエンスが高いことを表す。つまり、ストレスは小さく、レジリエンスは高いほど、メンタルヘルスは適正を保ちやすい。

偏差値換算表は、2017年に実施した調査で8つの社会福祉法人および29事業所と個人の立場で協力を得た600名のデータをもとにしている。これらの数値が必ずしも高齢者介護福祉施設全体の傾向を代表しているとは断定できないが、施設ごとに比較してみてもかなり近似した傾向が見られた。よって以下はこの600サンプルの結果を用いて説明していく。

全体的な傾向として、ストレス値の平均が低い社会福祉法人では離職率が10％前後と低く、レジリエンスの「人的サポート」や「職場のサポート」の

平均値は高い傾向にあった。また全体的にストレス要因の「援助者としての規範意識へのとらわれ」と「援助者としての感情管理」がともに高い値にある人が多い傾向が見られる。高齢者介護福祉現場ではまさに感情労働が行われている実態があり、援助者としてまじめに誠実に従事している人が多いことも確認できた。

このことは、まじめに誠実に従事するからこそ仕事にのめり込み、ストレスを受けやすく、感情的に巻き込まれてしまい、その結果、メンタル面で疲弊感が昂じるという弊害が出やすいことを示すものと考えられる。

▼共感疲労5因子についての解説および共感疲労を低減するための方策

次に、共感疲労5因子の一つひとつについて、平均的傾向よりも疲労度が高い場合、およびこれを低減する方策について述べていく（平均的傾向の詳細については、前述の『支援者支援ツール活用ガイド』を参照）。

A「精神的消耗感」は、情緒的にかなり疲弊し気持ちがマイナス方向に向いている状態を表し、仕事に対して前向きになれない、逃げたい、疲れる、孤独感や悲しい気持ちに襲われるといった、情緒的な疲弊状態を示す項目群である。

自覚できているかいないかは別として、この得点が高い場合は、「あなたは大変疲れています。休養が必要です」というサインである。よって、職場のサポートシステムは整備されているか、仕事の役割分担は適正か、休日や退勤後は気持ちの切りかえがうまくいっているか、個々人の私生活の側面は充実しているかどうか、などについても点検することが必要であろう。

「がんばり過ぎていないだろうか」「仕事をするうえで自らの能力の限界を感じているのではないだろうか」と自問自答してみることも必要だろう。こうした状態を放置しておくと、どんどん抑うつ的な感情が昂じてくるかもしれない。仕事上のミスや事故が発生すれば周囲へも影響が出る。

出勤すること自体に嫌悪感を抱くようになると重症である。勤務中に利用者や職場の人間関係などでつらい体験をしたことがあるなどの原因に思い当たれば、職場内の信頼できる人の助力を受けて、問題解決に立ち向かうこと

も必要だろう。

「思っていることをいっても無駄であり、きっと何も変わらないだろう」と思い込んでいる場合もあろう。つらい体験をしている人は、自分以外にもいるものである。経験者から助言を得ることで、視野が広がることもある。

人手も足りないし休めないと思い込んでいる場合もあろう。このようなときは、少し休息して充電期間をもつことで、疲弊感も縮小する。また、日頃がんばる自分自身の労に報いるつもりで、休暇を利用してリフレッシュすることも有効である。

筆者らのこれまでの調査でも、福祉現場で長年仕事を続けてきた人は、仕事とは別の世界を各自でもって、世界観を広げながら上手にリフレッシュしていることも多い。たとえば、「趣味や自然のなかで癒されること」や「カラオケで思いっ切り歌って発散すること」など、それぞれの対処法がインタビュー調査のなかで語られた。

「何となく憂うつに感じる」「明るい気持ちで出勤できない」「利用者を目の前にしても温かい気持ちになれない」「同僚とやりとりをしていても気持ちが入らず上の空である」「以前はこんなことはなかった」「仕事上でなぜこんな気持ちになるのか思い当たることがない」といった場合もあろう。そうしたときは、私生活についても点検してみる必要がある。

仕事以外の悩みや家族の病気、介護負担、子育てや保育園の送迎などで余裕がない状態になっていることもあろう。援助者といえども生活者であり、仕事と私生活にかける割合の多寡やバランスについて見直してみることも大事であろう。

それぞれのライフサイクルのなかで、仕事にかけられる割合は異なっている。家族や職場との間でうまく調節して適切なワーク・ライフ・バランスについて再検討してみることも必要である。仕事上の問題だけでなく、個々人の私生活上に未解決の問題があったりストレスフルな家庭状況にあったりする場合にも、仕事に没頭できず支障を来すかもしれない。

B「援助者としての規範意識へのとらわれ」は、援助者としてあるべき姿を見せなければならないという気持ちが強すぎたり、利用者に対して望ましい

対応を取らなければならないという理想が高すぎたりして、心の余裕を奪われている状態をいう。いつもフル稼働で援助者としての感情表出や振る舞いを自らに課し続けていると、援助者は疲れ果ててしまう。援助者が疲れ果てていては、よい援助関係は取り結べない。

　この項目群はD「援助者としての感情管理」の項目群とも関連が深い項目で、Bの得点が高い人はDの得点も高い傾向にある。きまじめで仕事に誠実に向き合おうとする人は、この数値が高くなりがちである。時には自分自身がめざす援助者としての理想像を再確認して、多角的な視点や広い視野から客観的にめざす援助者像を修正することも必要だろう。

　援助者として求められるふさわしい態度やめざす理想像はどのようなものか、具体的なケースを携えてスーパービジョンや職場でのケアカンファレンスの際に提示し、スーパーバイザーや職場の仲間の意見に耳を傾けてみることも有効な解決策を得る一助となろう。

　人としての価値観や性格特性は一朝一夕に変化するものではないが、多くの事例を通して自分自身の規範意識がどのようなものかを客観視し、多角的に検証をくり返すなかから、自らの傾向や課題が自己覚知できる。また援助者としての振る舞いのバリエーションやコミュニケーションに使える言葉の引き出しを増やすよう、意識化することも大事であろう。

　人の役に立ちたい、利用者を笑顔にしたいと思ってこの職業についたのに、現実はそうはいかないと思っている場合もあろう。自分の笑顔もやさしい言葉も仕事中に吸い取られてしまって、勤務が終了するととても疲れていると感じている場合もあろう。時には趣味やおしゃれ、気のおけない友人との会話や会食を楽しむことや、一人になって自分が解放される時間をもつことも有効である。

　職場によっては、仕事以外の生活時間も仕事の延長線上で過ごしているかもしれない。対人援助職は人相手の仕事である。人とかかわらずに楽しめる趣味や時間を確保し、メリハリをつけた生活をすることも対応策の一つである。自然の環境に身をおいてリフレッシュする、スポーツで普段は活用しない筋肉を動かして身体をほぐす、歌を思い切り熱唱して頭と心を空っぽにするなどの時間も、時には妙薬となろう。

疲労感は心身との相関が大きい。疲労感をコントロールする自分なりの心と身体の使い方をいくつか開発しておくことも、解決策につながる。

C「利用者との対応場面でのストレス」は、利用者と直接対応した場面から受ける感情的なストレスを表す項目群である。

対人援助職は、さまざまなコミュニケーション・スキルを駆使して仕事を進めていく。言語的なコミュニケーションはもちろんのこと、非言語的なコミュニケーションは不可欠であり、殊に非言語的なコミュニケーション・スキルの活用には多くの感情労働を伴う。

なかでも高齢者介護福祉領域の対象者は、老いや病による先行き不安や健康上の課題やニーズを複数抱えているケースが大半を占める。利用者は自らの不安やいら立ちを援助者にぶつけてくる場面もある。

また、認知症によって自己表現や感情のコントロールがうまくできなくなっている利用者もいるだろう。同じ利用者に対して、今日スムーズに意思疎通できた対応方法が、明日もうまくいくとは限らない。同じことをくり返し訴えられたりたずねられ続けたり、話が通じず理解してもらえないといったことが重なると、援助職者は疲弊していく。

「対人援助職には利用者に対して常に誠実で真摯に向き合い、個別性を尊重し、受容や傾聴・共感的理解を示す態度や振る舞いが求められる」と、教育や研修の場でも伝授される。しかし、利用者の要望に応えられる援助者でありたいと思う気持ちが極度に強い場合にも、援助者のストレスを助長する。自分の対応方法が過剰ではなく適切なものであったのかどうか、客観視することが大事である。

利用者家族にとっても介護は先行きの見通しを立てにくく、家族の介護による自らの生活の変化や、仕事や役割との両立に苦慮していてストレスフルな状況にある。そのはけ口が援助者に向き、無理難題を押しつけてしまう場合もあろう。

逆に、自分自身の介護方法に絶対的な自信や信念をもっている家族介護者もいる。熱心に懸命に介護している家族介護者ほど、援助者の援助方法について意見を差し挟みたくなるものである。

介護方法への要望も、専門職から見ると必ずしも最善の方法ではなかったり、その時点での利用者の状態に適した方法でなかったりする場合がある。また、職務外のことを強要されそれに応えてしまう場合もあろう。そして一旦許容すると、収拾がつかなくなる場合もあろう。いま一度、職務範囲の見直しと、適切な援助方法が用いられているかどうかについて吟味してみることも必要だろう。

　対人援助職としては、援助方法の専門知識や技術を常に学習し、スキルアップさせることが大事である。すなわち、根拠を明示して複数の援助方法を提示できること、併せてコミュニケーション・スキルも磨いていくことで、自らの援助方法の適切性に気づくことができ、利用者の要望に応えられないかもしれないという不安を軽減させることができる。

　同じことを伝えるにも、言葉の用い方や伝え方の工夫次第で意思疎通や対人関係が円滑に展開することは、日常生活でも経験することである。自らの専門性を磨いて援助方法のバリエーションを増やし、駆使する語彙力を豊かにすることが、対応場面におけるストレス軽減につながるだろう。

　D「援助者としての感情管理」は、望ましい援助者として理想の感情を装う状態を示す項目群である。

　援助者としての感情管理の得点が高い人は、利用者の思いに誠実に寄り添おうという意識が高い誠実な援助者である。その際、受容・傾聴・共感などの技法を駆使しようと努める。

　対人援助職における利用者や家族への共感的理解とは、自らの感情を全移入することとは異なる。利用者の気持ちはしっかりと受容しつつも、利用者がおかれている状況や気持ちを正しく冷静に分析する視点を同時に稼働しないと、現実的な対応策は見つからない。共感的理解は、利用者とそのおかれている状況とを重層的に理解するなかから得られるものではないだろうか。

　まずは相手の語るところをしっかり聞いて、その人そのものを心で受け止め、受け止めた内容を心で咀嚼して反芻する。時にはほかの援助スタッフが行ったアセスメントについても聴取して参考にする。そういった過程を経て、利用者への共感的理解は深まっていくと思われる。

人手不足感が強い現場では時間がなく、休むことなく仕事に追われている。そうすると、頭のなかは目の前の利用者にじっくりと向き合えず、次に続く仕事の算段を始めてしまうかもしれない。
　利用者の話が頭のなかを通過していくだけで、その背景の理解がおざなりになってしまうと、自らの感情とは別の次元で共感的に振る舞おうとする場面が多くなる。すると自分自身の感情コントロールが適切に行えず、空疎な気持ちが強くなり、無感動・無感覚に陥ってしまうこともある。
　それが昂じて起こる究極の状況が、バーンアウトといわれる燃え尽き症候群である。
　仕事にマンネリズムを感じている場合もあろう。またその一方で、24時間体制で仕事を最優先して取り組んでいると、公私のけじめがなくなる。対人援助職者は専門職であると同時に、一人の人間である。時には仕事上の立場を忘れて、自分自身も誰かにケアしてもらったり、サポートを受けたりする場面があってもよい。自分自身の私生活の部分が充実することで、明日の仕事への活力も湧いてくる。
　また、高齢者介護福祉現場の仕事はチームで回っている。すべて自分が一人で対処しなければならないと考えずに、チーム・メンバーといっしょに仕事にあたることを忘れないようにしたい。
　自らチームの一員であるとメンバーが自覚することから、すばらしいチームワークや組織力が生まれる。一人で解決策を追究しすぎないことも大事である。
　一生懸命仕事をしているのに職場がうまく回らない、利用者や家族からクレームが多い、職場の上司からさらに追い打ちをかけるようにさまざまな職務上の課題を突きつけられる、自分は援助者に向いていないのではないか、などと思っている場合もあろう。
　たとえば、退職者が続き、補充人事も行われず慢性的な人手不足に陥っている職場を想定してみよう。忙しいのは一時的なものか、それとも恒常的なものかを考え、がんばりすぎにならない範囲で、業務について短期・中期・長期的に展望してみたい。
　自らのキャリア形成のこれまでとこれからを展望するなかから、有効な解

決策を見出せる場合がある。新しい知識や技術を習得することで、あるいはキャリアアップのための資格取得をめざすなどキャリア・プランニングの目標を明確化することでも、不安が軽減される場合がある。

　E「心身のストレス反応」は、トラウマになるような出来事があって、身体症状として自覚されるような症状を呈していることを示す項目群であり、この得点が高い人は、心身のストレスがかなり蓄積されていると予測される。
　自分だけでは解決できない大きなストレスを受けたときは、決して一人で解決しようとは考えないことである。仕事に失敗して落ち込むと、自分の力だけでは気持ちをコントロールできないこともある。部署や部門の異動希望について上司に相談してみることも有効である。日常の職場環境や職務内容が変化することで、ストレスが軽減される場合もある。
　また、ストレスの原因は仕事だけとは限らない。日本は自然災害大国で、過去に大きな地震や風水害によって自らも被災し、大きなストレスを抱えながらも仕事に没頭し、心身の健康を損ねる人が続出したことは、多くの研究報告によって明らかにされている。家族との死別や離婚による家庭崩壊など、私生活の局面で受ける大きなストレスによっても心身は疲弊する。時には利用者と同様の体験を自分と重ね合わせて、精神的疲労を増長させる場合もある。
　援助者の専門家集団である職場には、こうしたときにいっしょに考えることができる仲間や上司もきっといるはずである。ストレス源の大きな課題は小さく切り分けて整理し、ゴールに向けて段階を設定してサブゴールを定め、少しずつ課題解決していくことが大事である。
　福祉現場では、客観的に第三者に話を聞いてもらって気持ちの整理をすることが奏功するので、可能であれば職場内外でのスーパービジョンを活用する。信頼できる職場の上司や同僚・先輩がいれば相談してみることも有効である。
　思い切ってリフレッシュ休暇などを取得し、気分転換を図り自らの充電期間を設けてみるのもよいだろう。憂うつな気持ちが強いときは、逃避ではなく一旦課題を回避または棚上げしてエネルギーの充填期間とし、気持ちが回

復してから改めて課題に向き合おうと割り切ることも、時には必要である。

　また、所属している職場以外にも、悩みについて共感的に理解を示してともに解決策を探してもらえる専門職仲間への相談や、メンタルヘルスの専門家を訪ねることも有効だろう。いずれも、医療機関の診療が必要な場合もあるので、時宜を得た判断を要する。

まとめ

　どんなに対策を講じても、ストレスをゼロにすることはできない。また、ストレスが一定程度かかることで新たな仕事へのモチベーションにつながる場合もある。

　筆者らが行ったインタビュー調査のなかでも、「難ケースを経験することで、つらかったがその経験が自らを大きく成長させ、ケース終了後に関係者から労いの言葉をかけてもらうことで、改めて自らの仕事の意義や意味を再確認し、就業継続への動機づけになった」「仕事をしていてよかった。仕事が楽しいというワーク・エンゲイジメントを感じることにつながった」という発話が見られた。

　ここまで見てきたように、ストレスとなる要因は多岐にわたっている。しかし、ストレスや感情面での疲労の蓄積が長期にわたって続くと、心身の疲弊に発展し、感情労働シンドロームにつながってしまうことがある。また、そこから一歩踏み出すことによって、困難を乗り越えられたときには達成感や職務満足感などのポジティブな感情や認知につながることが、調査結果より明らかである。

　共感疲労を共感満足へと昇華させるためには、何が必要なのか思考するなかで、筆者らは「レジリエンス」という概念（第2章参照）に依拠してみようと考えた。

　もちろんストレスに対処するためには、自分一人で対処できることばかりとは限らず、職場環境を整え、チーム力や組織力が発揮されることによってストレス源が軽減されることもたくさんある。個人のストレス対処としてのレジリエンスを高めることが、ストレスを乗り越えメンタルヘルスを適正に保つためには有効な力となる。こうしたチーム力や組織力が適正に発揮さ

れ、難事にチームで取り組む力もレジリエンスに含まれる。

　それらの詳細について、次に見ていくことにする。

▼レジリエンス５因子についての解説およびレジリエンスを高めるための方策

　レジリエンス５因子の一つひとつについて、平均的傾向よりもレジリエンスが低い場合、およびこれを高める方策について述べていく（平均的傾向の詳細については、前述の『支援者支援ツール活用ガイド』を参照）。

　Ａ「前向きな気持ちへの切りかえ」は、逆境をチャンスに変えることができる前向きで積極的な姿勢に、自分を向けることができる傾向を示す項目群である。

　自分自身は楽観的に物事を見たり考えたりするほうか、逆に悲観的に物事を見たり考えたりするほうか、自問自答してみてほしい。一般的には、楽観主義者のほうが、逆境にあってもしなやかに立ち向かっていける。すなわち、楽観主義者のほうが、レジリエンスが高いということである。

　また、センテナリアン（100歳を超える健康長寿者）研究でも、くよくよせず楽観的に心のゆとりをもち、人との交流を適度に保っている人がセンテナリアンには多いといわれている。

　利用者の安全な生活を守ることが大前提の福祉専門職にあっては、リスクマネジメントの観点から、物事をシビアに考え最悪の事態に陥らないように備えることは非常に大切である。ただしリスクマネジメントは、事故発生には至らなかったインシデント報告を有効に活用するなかから練り上げられ、より完成度の高いものになっていくのである。

　人はそもそも失敗したりつまずいたりするものであり、失敗という経験から多くのものを学び取り、経験値を高めながら成長発達する存在である。

　困難や失敗に直面したとき、くよくよしていても問題は解決しない。圧倒されて投げ出してしまったら、そこから学びや発見は得られない。

　困難や失敗の内容や質にもよるが、まずは失敗の原因を追究し、一人で対処できることか、あるいは他者の力を借りないと対処しきれないことかを冷

静かつ客観的に判断する。判断がつかないときは、信頼できる職場の同僚や上司に相談してみる。場合によっては、新入職員の意見を聞くことが大きな助力になることもある。

現場にどっぷりと浸りきってしまうと、社会的な判断基準が適用されず、職場流の解釈で判断を誤る場合もある。たとえば認知症の人のケアがうまくいかないとき、新入職員や非専門職の意見や見方が認知症の当事者の気持ちにより近い場合もある。

なぜなら、経験者のもつ先入観は、ときに可能性を不可能にしてしまう、言い換えれば慎重になる余りに二の足を踏んでしまうこともあるからである。幅広い見方をしていくことが大事である。

対人援助職の仕事を続けていくには、ときどき初心にかえることも有効である。初心を忘れないことは大変重要である。新人の頃の自分はどうであったか振り返ってみるとき、経験を重ねるなかで自ら実感できる成長も見つけられるはずである。

新人の頃を思えば、いまの自分には乗り越えられる力も仲間もいると思えるかもしれない。また仕事を続けていくうえでロールモデルとなるような先輩がいると、その人のようになりたいと思う気持ちが成長力の源となる。逆に自らの職場に新入職員が入職してきたときには、温かく見守り、気軽に声をかけいつでも相談にのれる先輩であるよう心がけたい。

福祉現場で「楽観主義者であれ」ということは、我関せずと放置することではない。ともに問題解決に立ち向かう仲間を広げ、自由闊達に意見を交わせる職場環境や、基本的信頼関係をベースにした良好な関係性を日頃から醸成しておくことが前提である。

B「人的サポート」は、相談したり助言を求めたりできる家族や友人、職場の同僚や上司が存在することを示す項目群である。

前項とも関連するが、人間は孤独に弱い存在である。一人の力では、人類は今日のような繁栄や文明を享受することはできなかっただろう。私たちは多くの人びとと社会関係を結びながら、社会生活を送っている。したがって、生活支援を必要とする人がどのような社会資源や人びととどのようにつな

がっているのかを理解することが大事である。

　利用者がおかれている人間関係の質量をアセスメントする手法の一つに、エコマップがある。対人援助職者も利用者と同じ人間であることには変わりなく、自らを取り巻く人間関係は、公私にわたって自らのメンタルヘルスのみならず、健康生活にとっては大きなストレングス（強み）につながる。時には、自分自身のエコマップ作成にトライアルしてみることも大事だろう。

　つながる人が多いということだけが強みではないはずである。要は自分のことを理解できる人、信頼して話せて、ともに考えることができ、他言しない人がどのくらいいるかという、質量両面から評価することが重要である。

　職場にそのような人がたくさんいることは非常に心強いことである。管理者は、ぜひそのような職場環境の整備に努力してほしい。また、個人的なつながりのなかで、そのような存在を複数もてるように心がけることも大事である。

　友人関係だけではなく、医療や法律などの領域で気軽に相談できる専門家を熟知していることも大きな力となる。専門的な助言者だけではなく、逆に仕事から離れて多様な世界観を共有できる存在が身近にいると、別の観点あるいは新しい見方を示してもらえて、発想の転換の機会となる。

　Ｃ「自己肯定感」は、自分のことがよくわかっていて、自分自身を肯定的にとらえ理解することができる傾向を示す項目群である。

　この「自己肯定感」は「自尊感情」と言い換えてもよい。自己肯定感は、自らのあり方を積極的、肯定的に評価できる感情である。折に触れて自分という存在の意味について考えてみてほしい。

　公私にわたって自分が必要とされるのは、どのような場面だろうか。仕事上ではどのような人びとに支えられているだろうか。家族をはじめ周囲の人びととのかかわりのなかで、どのように役に立っているだろうか。そしていま現在のあるがままの自分を認め、自分は家族にとっても職場にとってもかけがえのない存在であるとして、自己をありのままに受け入れることができると、他者に対しても前向きにかかわっていくことができる。

　肯定的な自尊感情がもてると、社会資源を上手に活用して、高すぎる目標

を自らに設定しすぎず、適正な目標設定に向けて、臨機応変に調整していくことができる。

　前項と密接に関連するが、時には人に助けを求めたり、頼ったりすることがあってもよい。また、いつか自分がその人を助ければ、ハードな場面でも自己を失うことなく適応することが可能となるだろう。こうした支え合いは、自己の存在感を感じる好機となり、良好な相互信頼関係が、さらに自己肯定感を高めるという好循環になる。

　D「職場のサポート」は、職場におけるサポート（支え）が存在することを示す項目群である。

　具体的に必要とされる職場環境の整備とはどのようなものだろうか。心から信頼できる職場の仲間によって、それぞれが支えられている。組織力が発揮され、一人ひとりの職員の力が集結されて利用者の生活環境の改善や自立支援につながるような達成感が感じられる職場になっているだろうか。

　自己を過信しすぎず、また高過ぎるプレッシャーを他者にかけず、自分の意見や考えが自由闊達に発言できるとともに、一人ひとりの意見が組織としての運営理念に反映されるような職場環境の整備を、管理者が中心となって整えていくことが求められる。人事考課の目的のみならず、職員と管理者との面談は個別や集団での形態で年に数回は実施して、それぞれの職員の心身の健康状況や生活状況にも配慮した実効性のある働き方改革を実践することが大事である。

　コンプライアンスに従って育児休業や介護休業・時間短縮の制度が導入されていても、現実的には取得しにくい雰囲気があったり、また取得することに対して周囲の視線が冷たかったりすれば、就労意欲に支障を来してしまう。育児や介護を抱えつつ働く職場の仲間への理解と心からの温かい眼差し、そしてさりげない配慮（サポート）が大事である。

　また、会議はどのくらいの頻度で、どのような内容について協議されているのか、具体的な回数や議論の行われ方や会議のもたらす効果などについて検証してみることも必要だろう。トップダウン方式ばかりではなく、ボトムアップ方式で職員の意見が反映されていることも大事だろう。

さらに、決定事項の伝達は適正に行われているだろうか。相手に届く言葉で、理解しやすいように具体的になされているだろうか。その際、現場の意見も汲み、修正の余地を残したものとなっているだろうか。これらのことをしっかりと吟味する。

　職場の教育・研修体制が整備されている職場は離職率が低いといわれている。新人研修のみならず、節目ごとに細やかな経験や立場・異動に応じた教育・研修体制が敷かれ、気兼ねなく相談や助言が得られる組織形成を行うといった職場のサポート体制の醸成が、就労意欲の継続と離職防止にとって大事なことである。

　E「困難への対処法」は、困難な状況に遭遇した際に何らかの解決方法を用いることができる傾向を示す項目群である。

　高齢者介護福祉施設での対人援助職は、社会生活を送るうえでの支障や不自由を抱える人の生活支援を行い、生活環境を整え自立支援を促進することが使命である。また、利用者の抱える諸困難に対して問題解決できるスキルをもち、多様な解決方法や代替案を提示できる専門家である。

　そうした専門家として、自らの困難についても適切な対処法や社会資源の活用方法を熟知し、学習活動のなかから具体的な解決策を見出す能力が高ければ、自ずと本来の職務上の専門性も向上する。

　筆者らが行ったインタビュー調査においても、「困難は、新しい知識や技術の修得による学びや自己覚知を深めることで乗り越えた」との発話が見られた。常に最新の知識や情報に目を向け、最新の技術を研修などの機会に獲得し、一つひとつ実践に活かしていくことで、自ら道を切り拓いていけることも多い。

　専門職には生涯研修が求められるが、それは、困難を乗り越えて問題解決していくための最低限度の学びであるととらえたい。

まとめ

　ここまで見てきたように、レジリエンスを高めるための方策は、個人としてできることと、組織として整備すべきこととの、二つに分けて考えること

ができる。

　まず個人としてできる方策は、「挑戦的行動（チャレンジ）」「楽観的行動」「気ばらし行動」「問題解決行動」などを行ってみることである。こうした対処行動は、行動的側面を変容させるうえでも有意義な技術であり、行動の変容は認知的側面や感情的側面にも変化をもたらす。

　また、孤立しないよう多種多様なソーシャル・サポートを得て、良好な人間関係が維持できるよう心がけることや、時には客観的に自己を振り返り、冷静に自己覚知あるいは自己省察を深めて自己の強みや課題を確認し、課題の改善に努めることが大事である。

　さらには、職場一辺倒の仕事人間になることなく、視野を広げて仕事とは別の趣味や楽しみをもつこと、教養を高める機会を享受すること、幅広く世界観を味わえる場や人間関係をもつなどの余裕のある生活を送ることも大事であろう。

　その結果、「レジリエントな支援者」としての前向きなキャリアビジョンをもちつつ職務に邁進できたなら、キャリア形成にも資するだろう。

　また、管理者の立場にある人の気配りとしては、職員個々の状況や生活事情も考慮しつつ、職場の士気が高まるよう心がけることである。さらには、介護という仕事のマネジメントが民主的かつ公正にチームとして組織として発揮できるような魅力的な職場環境づくりや、職員への定期的できめ細かな研修・支援体制を整備するよう奮励努力することが重要である。

第8章
支援者支援ツール活用の効果

8-1　支援者支援ツールを活用することで自己認識が促進される

　第7章で述べたように、2017年8月から12月の期間、関西を中心とする8つの社会福祉法人で働く合計600名の高齢者介護福祉施設従事者の協力を得て、実際に支援ツールを活用してもらう形で調査を行った。調査依頼時に、各法人の管理者に調査の趣旨・目的を説明し、了承を得た法人で実施した。

　調査は便宜上、従事者が一同に集まる研修会が行われる日に設定された。調査協力者には、支援ツールを配布した際に記入方法を説明し、自分自身で記入してもらった。このときに用いた支援ツールは複写式で、各質問項目に対する回答結果・基本属性・自由記述（感想）欄の記入内容が複写された用紙をその場で回収した。回収した調査票は最終的に600部であった。

　本章では、このときの自由記述欄に記入された198件の記述内容を用いて分析を行う。記入者の基本属性は表8-1のとおりである。

　記入された感想について計量テキスト分析による検討の結果、支援ツールを活用することで、ポジティブ／ネガティブ両面の自己認識が促進されることが示された。また、その有用性が認められたことにより、8割を超える使用者から本支援ツールに対して良好な反応が得られた。

　なお、分析方法には計量テキスト分析を採用した。その理由は、今回のような自由記述データを数値化し、多数のデータを一度に処理することができ、かつ客観的な分析結果が得られるという利点があるからである。計量テキスト分析ソフトはKH Coder（ver.2.0）を用いた。

表8-1　自由記述欄回答者の基本属性

		度数			度数
性別	男性	75	職種	介護職	113
	女性	122		相談員	29
年齢	20代	60		看護職	14
	30代	40		PT/OT	6
	40代	45		管理職	11
	50代	36		事務関係	18
	60代以上	17		栄養・調理	5

※本表では「その他」の回答を除いている

　倫理的配慮に関しては、支援ツールの記入を求めた場で、研究の趣旨を説明するとともに、本調査への回答は自由であり、回答しない場合も何ら不利益を被ることはないこと、調査は無記名で実施し、個人が特定されないよう統計処理を行うこと、データは調査関係者が責任をもって保管すること、最終的な調査結果などは冊子などにまとめて返す予定であることを伝え、アンケート調査に関する連絡先を配布資料に明記した。

　調査票の回収はその場で調査実施者が行い、封入・厳封して持ち帰り、分析を行った。なお、本調査研究に関しては、天理大学研究倫理審査委員会による承認（承認番号H28-002）を受けている。

8-2　支援者支援ツールを活用して自己認識が進んだポジティブな面とネガティブな面

　まずは、自由記述のなかで多く登場していた言葉（以下、語）を確認する。表8-2は、登場していた語のうち上位20位を示したものである。

　第一に確認できるのは、「自分」（95回）と「思う」（90回）という語が、ほかの語と比べて多く用いられていることである。先立っていえば、これは自己認識に関する記述が多かったことを示している。

　続いて多く用いられているのが「ストレス」（51回）と「感じる」（49回）という語である。これらも、自分自身のストレスに対する認識にかかわる語である。そのほかにも「仕事」（33回）、「自身」（21回）、「職場」（21回）、「考える」（20回）、「分かる」（19回）などストレスそのもの、あるいはストレスの認識

表8-2　頻出語の上位20位

抽出語	出現回数	抽出語	出現回数	抽出語	出現回数
自分	95	考える	20	レジリエンス	13
思う	90	分かる	19	今	13
ストレス	51	良い	18	出来る	13
感じる	49	人	17	関係	12
仕事	33	改めて	16	機会	11
自身	21	高い	14	結果	11
職場	21	知る	14		

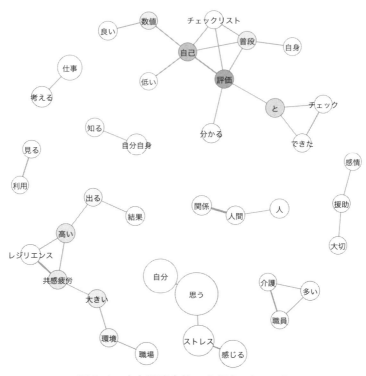

図8-1　自由記述全体の共起ネットワーク

との関連が推察される語が登場している。

　こうした語は、ほかの語とどのような関係性があるのだろうか。また、どのような文脈で用いられているのだろうか。続いて、この点を見ていきたい。

　図8-1は特徴的な語と語の関連性を示す図である。図中では、出現パター

ンが似ている語と語が線で結ばれている。また、白→グレー→濃いグレーの順に、線で結んだ語群中でどの語が中心的な役割を果たしているのかを示し、出現回数が多いほど大きな円になるよう調整している。

この図で示されている語と語のつながりを参考にしつつ、これらの語が、実際にどのような文脈で用いられているのかを合わせて観察するために整理したのが表8-3である。これは、図8-1に登場していた語が含まれる代表的な自由記述を示したものである。

以下では、この内容にもとづいて考察を進める。

表8-3 特徴的な語と自由記述の内容

特徴的な語	自由記述
「自分」 「思う」	「自己評価してみて、自分のことについて、わからなかったこと、自分は、このくらいなんだと自分をあらためることが出来たと思います」 「自分の周りに相談する人や家族のサポートがあり、精神的に安定していると思います」 「自分では気づかない部分でストレスを感じているなと思いました」
「ストレス」 「感じる」	「自分自身ストレスをためやすく、それをうまくコントロールできないなと改めて感じることができた」 「自分では気づかない部分でストレスを感じているなと思いました」
「評価」 「普段」 「自己」	「普段からあまり悩まない性格だと思っているが、今回のチェックリストにて自己評価してみて自身のレジリエンスは低いと思った」 「普段何気なく過ごしている職場や、仕事の中でも、このチェックリストのように数値化して自己評価してみると、自分の生活も仕事に対する考え方も見つめ直せる良いきっかけになると思った」
「共感疲労」 「レジリエンス」	「レジリエンスは高い方だと思っていたが、職場環境ではストレスがかなりダメージになっていて、復元力が作用していないことが分かった」 「レジリエンスの方はバランスが良かったが、共感疲労の方は差が大きかった」 「共感疲労のチェックにより自分の傾向がよく分かった。レジリエンスの評価により仕事が自分としては前向きに取り組めている」
「職場」 「環境」	「今の職場、良い環境と思いました」 「職場の同僚や上司、家族に恵まれているなと感じます」 「自分にとって職場環境の変化はストレスケアにも大きく影響していると感じた」 「現在の職場環境で変化すると感じた。問題を解決するためには自分の力だけではどうにもならないとも感じた」
「仕事」 「考える」	「改めて自分と仕事の関係について考え直す機会となりました」 「自分のペースで前向きに仕事が出来ていると思いました」 「仕事に対してのストレスが常日頃からたまっていることに気付けて、良かったと思います」 「仕事での疲れがたまってきて、私生活での人間関係が面倒に思っていると感じた」

特徴的な語	自由記述
「自分自身」 知る	「自分自身の傾向を知ることが出来て良かったです」 「改めて自分自身の状況を知る事が出来ました。今かかえている仕事に対しての問題点を見直す機会になりました」
「人間」 「関係」 「人」	「自分にも色々と思うところがあるが、色々な人達との人間関係や人からもらった言葉により、まだ続けることができているのだと客観的に自身をみつめることができ、一つの勉強になった」 「今の職場の人間関係に不満はないが、自分がきちんと仕事ができているのか、この仕事に向いているのか考えることが多い。ユニットリーダーとしての役割があり、あまり仕事仲間に相談することをしていないのかなと思った」
「介護」 「職員」 「多い」	「介護」という仕事は複数の職員が関わり合ってチームワークがあってこそ上手くまわる職業であると思うので、人間関係は大切であると思う。なので人間関係が悪いと当然ながらストレスは溜まるし、人手不足で一人の業務が多くなると個人のストレスも大きくなると思う」 「職場について改めて考えてみる事で、自分が前向きに仕事に取り組んでいるのだと感じた。介護職など福祉従事者は感情労働で共感疲労が溜まりやすいという事は、私も日頃から感じているので、他の現場でも同じ様な思いを抱いている職員が多い事を学びました」
「利用」 「見る」	「自分の性格は楽観的で落ち込んだりする事は長く続かないのですが、周りの人や利用者の表情等を見て、しっかり理解していこうと思いました。研修に参加させて頂きありがとうございました」 「仕事をしていてしんどいと感じる事も多いですが、このチャートを見て、職場や利用者に支えられている事も再確認でき、また頑張ろうと思えました」
「感情」「援助」 「大切」	「感情をコントロールする事は難しく、ストレスに感じる時もあります。対人援助職において自己覚知は大切だと感じます」

　まず、大きな円で表されている（＝登場回数が多かった）「自分」「思う」という語は、「自分」についてわからなかった部分、気づかなかった部分を知ることができたと「思う」といった感想を語る文脈のなかで登場している。また、「自分」の周りのサポートによって精神的に安定していると「思う」という記述に見られるように、自分自身の強みを再確認する機会になったという感想のなかで登場している。

　これらの語とネットワークを形成している「ストレス」「感じる」という語は、「ストレス」をためやすいが、コントロールできていないと改めて「感じる」という記述や、気づかないうちに「ストレス」を「感じている」という記述に見られるように、ストレスに対する認識や気づきを表す感想のなかで登場している。

　次に、共起ネットワークを形成している「評価」「普段」「自己」という語

に目を向ける。これらの語は、「普段」は悩まないほうだと思っていた自分が「自己評価」をしてみるとイメージと異なっていたり、「普段」は何気なく見過ごしていることが、「自己評価」することによって見つめ直す機会になる、という感想を語る文脈のなかで登場している。

同様に共起ネットワークを形成している「共感疲労」「レジリエンス」を含む自由記述を見ると、自分自身の共感疲労・ストレスやレジリエンスに対してもともと有していた自己認識と支援ツールを使用した結果を比べて、差異があったり再認識が促進されたりした、という感想を語る文脈のなかで登場している。

さらに、ネットワーク関係にある「職場」「環境」という語に目を向けると、現在の「職場」がよい「環境」であることや、「職場」の同僚・上司や家族に恵まれているという、ポジティブな認識につながった感想を語る文脈のなかで登場している。また、「職場環境」がストレスケアに大きな影響を及ぼしていることなど、職場環境の影響力に対する認識を語る文脈でも登場していた。

そのほかにも、ネットワーク関係にある語と語の自由記述を見ると、「仕事」「考える」という語は、現在の「仕事」に対する自分自身の認識を振り返る記述のなかで登場していた。また、その内容にはポジティブなものもあれば、ネガティブなものもあった。

「自分自身」「知る」という語は、自己認識が促進されたという感想のなかで登場していた。

「人間」「関係」「人」という語は、自分自身が「人間関係」に支えられていることや、「人間関係」に不満はないものの、他者とのかかわり方を見つめ直す語りのなかで登場していた。

「介護」「職員」「多い」という語は、「介護」の仕事は複数の「職員」がかかわるため人間関係が重要であると同時に、人手不足で業務が「多く」なるとストレスが大きくなるという記述や、「介護」職は感情労働で共感疲労が溜まりやすいことを感じているが自分と同じような思いの「職員」が「多い」ことを学んだ、という感想のなかで登場していた。

「利用」「見る」という語は、自分自身の「利用」者との向き合い方や、「利用」者に支えられていることを再確認できた、という感想のなかで登場して

いた。

「感情」「援助」「大切」という語は、「感情」のコントロールが難しくストレスになり得ること、だからこそ対人「援助」職には自己覚知が「大切」という感想のなかで登場していた。

最後に、ここまでの分析結果、並びにクラスター分析などの結果をふまえてカテゴリーを生成し分析した結果を示す。

既述のとおり、今回の自由記述には自己認識の促進に関する記述が多数見られた。これをさらに「ポジティブな面の自己認識の促進」と「ネガティブな面の自己認識の促進」に分け、二つのカテゴリーが生成された。

また、その他の記述は「調査への反応」とカテゴリー化でき、これについては「調査へのポジティブな反応」と「調査へのネガティブな反応」の二つのカテゴリーに分類された。

図8-2は「ポジティブな面の自己認識の促進」と「ネガティブな面の自己認識の促進」の割合、図8-3は「調査へのポジティブな反応」と「調査へのネガティブな反応」の割合をグラフに表したものである[1]。

グラフに示されているとおり、自己認識の促進については67％がポジティブな面にかかわる記述であった。私たちは往々にして、自分自身のネガティブな面に意識が向きがちである。もちろん、ネガティブな面を認識していることは重要である。

しかし、ポジティブな面があるにもかかわらず認識できていない状況は、もったいないといわざるを得ない。なぜなら、自分の強みや恵まれた環境に気づき、認識することによって、ストレスの軽減やレジリエンスの強化にも

図8-2　自己認識の促進の内訳

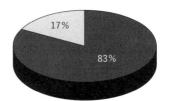

図8-3　調査に対する反応の内訳

つなげていくことができるからである。

その有用性を感じたからこそ、筆者らの調査（支援ツール）に肯定的な感想が83％にのぼったと考えられる。

8-3　自己理解を深化させ就労継続・キャリア形成に活用する

　2015年、労働安全衛生法が改正され、ストレスチェック制度が創設された。その背景には、多様な産業で働く人びとの職業生活におけるストレスの増大、それに伴うメンタル不調者の増加への対応が求められてきたことが挙げられる。これは社会福祉の領域でも共通して見られる問題であり、高齢者介護福祉施設をはじめとする社会福祉事業体においてもストレスチェックが実施されてきている。

　しかし、近年は精神的不調の予防からさらに視野を広げ、精神的健康のポジティブな側面（ワーク・エンゲイジメントなど）の向上を図ることが国際的な潮流になってきている（島津2016b：2）。

　こうした流れをふまえ、島津明人はストレスチェックを組織の活性化対策につなげるために必要な視点の転換として、次の4点を挙げている（島津2016a：25）。

①産業保健と経営とがこれまで以上に協調すること。そのためには、両者に共通する目標（たとえば組織や個人の活性化）を設定することが望ましい。
②ネガティブなアウトカム（疾病休業、有所見率、ストレス反応）だけでなく、ポジティブなアウトカム（たとえば、ワーク・エンゲイジメント）にも注目すること。
③組織の弱み（ストレス要因）の低減だけでなく、組織の強み（仕事の資源）を伸ばす対策を併せて行うこと。
④ストレス対策だけを切り離して行うのではなく、日常のマネジメントの中に職場対策を盛り込むこと。

筆者らが開発した支援ツールは、ストレス状態に加えてレジリエンスの状態も把握できるものであるが、いずれにしても島津が重視するポジティブなアウトカム、また組織の強みを可視化することが可能なものである。
　実際に、前項で示した分析結果をふまえるならば、今回のセルフチェックを実施することを通じて、多くの使用者にとって「ポジティブな面（強み・プラス面）」と「ネガティブな面（弱み・マイナス面）」の両面を含む自己認識が促進された、という効果が見られたといえる。
　このことから、個人レベルで本チェックリストを用いることによって、ストレスやレジリエンスを認識も自覚もしていない人にとっては、新たな発見や気づきにつながり、ストレスを軽減・解消するための対策や、レジリエンスを保持・強化するための方策につなげていくことができるといえる。反対に、普段から自分自身のストレスやレジリエンス（強み）を自覚している人にとっては、それらを再認識する機会になるものといえる。
　この点は組織レベルで見ても同様であり、それぞれの組織の強みと弱みの両方を把握し、それらへの対応を検討していくことにつなげることができるだろう。
　従来、「福祉は人なり」といわれてきているが、その重要性は高まり続けている。経営学の観点からいうならば、人的資源管理のあり方が鋭く問われているということである。
　高齢者介護福祉施設・事業所の管理者には、本書で紹介している支援ツールを活用して働く人びとのストレスやレジリエンスの度合いを把握し、過度のストレスを低減すると同時に、レジリエンスを高める対策へとつなげていく役割が期待される。
　また、高齢者介護福祉現場で働く一人ひとりが、自分自身の就業継続へのモチベーションを高めると同時にキャリア形成を進化させ、支援者である自分自身もサポートを得ながら質の高いサポートをサービス利用者に還元していくことができる環境づくり、すなわち社会福祉事業経営がめざす組織成果（関口2009：62）としての顧客満足とサービス品質、そして職員満足の実現につなげるための一助として、本支援ツールが活用されることを願っている。

注
1）カテゴリー別にコーディングルールファイルを作成し、基本属性ごとにクロス集計（並びにカイ2乗検定）も行ったが、有意な結果は得られなかった。

引用文献

関口和雄（2009）「社会福祉事業の展開と福祉経営の枠組み―福祉経営の特質と課題―」『日本福祉大学経済論集』38、51-67

関谷大輝・湯川進太郎（2014）「感情労働尺度日本語版（ELS-J）の作成」『感情心理学研究』21（3）、169-180

島津明人（2016a）「ポジティブメンタルヘルスとワーク・エンゲイジメント―ストレスチェック制度の戦略的活用に向けて―」『総合健診』43（2）、22-26

島津明人（2016b）「組織の活性化に向けたストレスチェックの戦略的活用」『関西福祉科学大学EAP紀要』10、1-3

第9章
家族介護者および要介護当事者への
インタビュー調査

9-1　支援が行き届いていない無償の介護者

　介護者の定義のなかには無償で介護に携わる家族や知人・友人も含まれる（三富2016：63）。たとえば、イギリスにおける雇用機会均等委員会（1980）における介護者の定義は「介護者は、病人や障害者あるいは高齢者の世話に責任を負う成人として定義される」（三富2007：50）とされている。また、ドイツの介護保険制度も介護者について「要介護者を所得目的ではなく、週14時間以上、在宅で介護している者」と定義している（齋藤2013：21）。

　数の上から考えても、実際にはこうした無償の介護者が大多数を占める。総務省が提唱するケアリング社会や厚生労働省が提唱する地域包括ケアシステムの構築や地域支援事業の推進には、業としてではなく無償で介護労働に携わる人びとへの支援者支援について、具体的な対応策を考えていくことも重要な課題である。

　三富（2016：23）は、就労している対人援助職者は働き方改革の対象として位置づけられ、自身のワーク・ライフ・バランスに即して制度の活用なども一定整備されてきているが、その意味で家族介護者らは社会的に排除された位置づけにあり、手厚い支援が必要である、と指摘している。

　無償の介護労働に携わる人への支援者支援は筆者らの今後の課題であるが、本章では2013年に松田が行った介護家族と要介護当事者からのインタビュー調査の結果と、そこから得られた課題について述べる。

　超高齢社会となったわが国では、今後大幅な介護従事者の不足が懸念され

ている。地域包括ケアシステム構想では在宅介護を中心にさまざまなケアシステムや生活支援の整備をめざしているが、介護福祉分野では専門職のみによってその需要に応えることは不可能である。ほとんどの要介護者は、これまでも自宅で介護されて生活を送っている現実があり、世帯構成員の数や生活意識の変化はあっても家族介護者を抜きにして地域包括ケアシステムを構築することは困難である。

労働という用語を調べてみると、経済学的な定義としては「賃金や報酬を得るために体力や知力を使って働くこと」（広辞苑第七版）とされているが、「体を使って働くこと」という意味もある。

家族介護者の多くは、被介護者から賃金や報酬を得て雇用関係を結んで介護しているわけではないが、自身の体力や知力のみならず自身の生活時間の大半を捧げて介護している場合が多い。それも、家族であるがゆえに面倒をみなければならない、世話をしなければならないという、続柄による役割規範に従って介護していることが多い。

一方、介護を受けている人は、自力で自立した日常生活を営むことが困難な状況におかれ、世話になることへの負い目や遠慮を感じているのかもしれない。ケースによっては認知症の影響で自身がおかれている状況を的確に認知することができず、世話になっている認識もないまま、自身の生活ニーズを適切に表現できなかったり伝えられなかったりして、落ち込んだりイライラしながら被介護生活を送っている場合もあるだろう。

24時間・365日続くこうした家族による介護関係では、互いが感情的に行き違ったり、疲弊・消耗してしまったりする場面が生じることが容易に想像される。家族介護者に雇用者は存在しないが、家族介護者もまた日々感情労働を強いられる立場にあるともいえる。

家族介護者が介護経験を通して自己の成長や達成感を得られた場合に、介護経験による報酬を得たと考察する研究報告（高原2004：152）もある。また、介護に対する喜びや満足感が在宅介護継続意思と関連し、介護への肯定感が介護負担感を軽減するとの研究報告（山口2010：55）もある。

しかしながら、気晴らしや気分転換が容易にできて、介護に対する認知が肯定的で達観や介護の喜びに目覚め、介護の意味に気づき納得して介護して

いる家族介護者ばかりではないのも現実であろう。

家族介護者が適切な支援を受けられない場合には、ストレスが蓄積して介護放棄やネグレクトなどの虐待事件が発生してしまうこともあろう。家族介護者の介護に対する各種の意識調査では、介護による肉体的な疲労のみならず、精神的なストレスが大きいとの回答が8割（連合調査2014）を占める。

筆者は、F市にある地域包括支援センターで勤務する社会福祉士・主任介護支援専門員から、家族介護者や要介護当事者で介護経験や介護生活について調査協力を得られる5件のケースの紹介を得て、インタビュー調査を行った。

その結果から、非専門職として無償の介護労働者としての家族介護者への支援と今後の課題について検討を試みる。

9-2　インタビュー調査の概要

調査実施時期は2013年1月から2月で、F市の地域包括支援センターから紹介されたA〜Eの5事例（表9-1）について、それぞれの協力者宅を筆者が訪問し、自身の介護経験・介護生活について自由に語ってもらった。

表9-1　聞き取り調査協力者の一覧（2013年調査時点）

事例	本人年齢	要介護度	病名	介護者の続柄・年齢	介護期間
A	73	4	脳梗塞・認知症	妻・60歳	20年
B	71	4	脳内出血	夫・66歳	10年
C	78	1	変形性股関節症	本人（51歳の娘を介護）	51年
D	72	5	筋委縮性側索硬化症	妻・65	6年
E	70	5	アルツハイマー病	夫・75	13年

倫理的配慮として、協力者に事前に研究趣旨を説明した。協力者の自由意思による調査協力であること、いつでも調査協力を取りやめることが可能であること、調査に協力しなくても調査協力者への不利益は生じないこと、会話の内容を記録すること、得られた情報については研究目的以外には使用しないこと、得られた情報の管理は厳正に行うことを説明し、調査協力への同意を得た。

調査後の転帰（症状の経過や結果）については、調査協力者の同意の上、担当の介護支援専門員から情報を得た。

インタビュー調査の内容については表9-2〜6にまとめた。

表9-2　事例Aの聞き取り内容

A　73歳・脳梗塞と認知症の夫を介護する妻60歳からの聞き取り内容（要介護者本人も同席）
要介護者も同席し約1時間のインタビューの間は静かに座っていたが、会話の内容を理解しているようには思われなかった。 　結婚して40年。結婚当初から夫は転職が多く、自己中心的で子どもや家庭を顧みなかった。かつてはDVもあり、夫婦関係に疲れて離婚を決意した矢先（20年前）に夫の認知症が始まった。長女から「なんでお父さんがこんなになる前に何とかしなかった（涙ぐまれる）」といわれたことが忘れられない。子どもは4人いて、当時末子は10歳だった。自分が離婚したらすべて子どもにかかってくるといわれ、子どもには迷惑をかけたくない一心で離婚を思いとどまり介護生活が始まった。 　当初、夫の行動面がおかしいと役所に相談に行った。専門病院を紹介され受診し、若年性アルツハイマーの診断を受けて薬物療法を開始した。その後小さな脳梗塞をくり返し、3年前の発作で言語障害を発症した。会話が通じず妻はイライラするが、何をいっても理解できていない様子である。腹が立ち怒って何かいっても反応がないので、以前に比べると妻のストレスは軽減した。 　夫は糖尿病があり太っていたが、妻も3か月前に糖尿病の診断を受け、野菜中心の食生活に変えたことで、夫婦でダイエットがかない血糖値も下がった。夫の楽しみは食べることのみである。食べるものを目にすると、すぐに食べてしまう。夫は高血圧もあり、減塩食を心がけ降圧剤を服用しているが、血圧はなかなか下がらない。 　夫の発症後、妻にできる仕事は何でもして生計を立ててきた。介護より生活だった。発症前、転職をくり返していた夫は無年金といわれたが、熱心に職歴を調べてもらえて受給権が認められ、現在は障害年金を受給できて助かっている。妻は自宅近所で就労している。土曜・日曜は休みで、毎日夕方には帰宅している。夫はゆっくり歩く・座位保持・摂食動作などは何とか自力で行える。コミュニケーションは成り立たず、自分の名前もわからない。感情面は鈍麻しているが、表情の変化から喜怒哀楽は読み取れる。夜間は失禁パンツをはいて就寝し、朝まで寝ている。起きたら衣服まで濡れているので、毎朝清拭して着替えさせてから出勤しなければならない。 　月・水・金曜日は障害者デイサービスを、木曜日は認知症対応の通所介護に通っている。妻は先に仕事に出かけるため、事業所の職員による自宅までの送迎を利用している。火曜日だけ夫は一人で自宅にいるので、14時頃には帰宅するようにしている。月に2回、2泊3日のショートステイを利用している。平日は妻の休息が確保できないので、土曜・日曜日にショートステイが入るとうれしい。ショートステイの利用日が選択できたらうれしいと話す。 　言語障害が発症するまでは、デイサービスを利用していてもほかの利用者と喧嘩をしたり暴力をふるったりが絶えず、再三サービスの利用を断られた。夫は年々体力も落ち、現在はおとなしくなったので、そういうことはなくなった。しかし人の好き嫌いがはっきりしていて、いまでも嫌な人には威嚇するような表情をしてうなることもあるが、会話は成立しない。女の人は好きで、ショートステイには若い女性の介護士がいるので喜んで行く。 　4人の子どものうち、息子二人は他県で、娘二人は同県内で暮らしている。末子以外は結婚し孫もいる。末子も近々結婚予定である。4人の子どもたちには父親の面倒はかけられないと、いまも妻は思っている。子どもたちは相談にはのってくれる。夫は長男のことはよくわかっている様子で、たまに長男が顔を見せるとうれしそうな反応をするが、次男のことは覚えていない様子で無視する。この扱いの違いが子どもたちにも悪影響を及ぼしていると思う。最後まで自分がみるしかないと考え、いまもそう思い続けている。自分が健康で、1日でも夫より長生きすることだと思っている。 　その後も夫は脳梗塞の発作をくり返し、寝たきり状態になった。長期入院を経て2015年に他界した。

表9-3　事例Bの聞き取り内容

B　71歳・脳内出血の妻を介護する夫66歳からの聞き取り内容（要介護者本人にもインタビュー）

　妻はもともと高血圧があったが、降圧剤の服用を中断していた10年前に脳出血を発症した。2年3か月間（3か所の病院）の入院生活の後、左片まひと高次脳機能障害の状態で自宅に戻った。当時は息子夫婦と同居していた。息子の嫁は、自身の母親が脳卒中を患っていたためよく面倒をみてくれたが、いろいろあって息子から別居を切り出され、現在は妻と二人暮らしである。
　夫は仕事一筋の生活で収入もよかったが、不景気のあおりを受け早期退職を迫られた。かつてはお金もあったしよく遊んだ。家事は一切妻任せで、「風呂・飯・寝る」の生活だった。妻の発病により人生設計が狂った。妻とは職場結婚で、夫は5歳年下である。
　妻はお嬢様育ち。4人兄妹の末子で、大切に育てられた。社会経験に乏しく依存的で、結婚後は専業主婦だった。甘え上手な性格で人からは好かれる。他人の悪口などはいわないので、元気な頃は近所でも（高級住宅街）近隣の人にかわいがられていた。いまはみな高齢で、以前のようなつき合いはできない。
　11年目の介護生活になる。訪問リハビリを週2回利用中。以前のPT（理学療法士）は厳しく訓練する人で、終わってPTが帰ると妻は「厳しすぎる」と泣いてばかりいた。夫はいい先生だと思っていたが、妻との相性が合わなかった。現在のPTは若く褒め上手で、そのPTになってから妻のリハビリへの意欲が向上した。自ら装具をつけて積極的に訓練している。介護は、人によって利用者の意欲が変わるものかと吃驚している。
　介護保険ではほかに、デイサービスを週1回と訪問介護を週5日、身体介護と生活支援で利用している。ショートステイは本人があまり希望せず、3か月に1回、2泊3日程度の利用である。
　介護保険制度は大変ありがたいと思っている。家族だけでは介護は続けられない。介護には「忍耐・お金・健康」が不可欠である。自分には忍耐はない。誰かに助けてもらわないともたない。信仰している宗教があり、それも大きな心の支えである。一人で介護していたら虐待をしてしまうと思う。特に排泄介助はつらく、現在もトイレまでの歩行だけは介助しているが、あとは何とか自力でがんばってもらっている。以前、ポータブルトイレを利用していたら、孫に尿臭を指摘され、そのことで妻は傷つき発奮してよい刺激になった。絶対にポータブルトイレは使わないと、いまは意地でもトイレで排泄している。
　上手に介護保険サービスや諸制度を活用して妻の療養室をリフォームし、外へのアプローチも改修してある。

表9-4　事例Cの聞き取り内容

C　51歳・脳性まひの娘を介護する母親78歳からの聞き取り内容（本人も変形性股関節症で要介護1）

　CP（脳性まひ）で障害がある娘と二人暮らしである。調査時娘は外出中。本人も2011年に股関節の人工関節置換術を受け、要介護1の認定を受けて訪問介護を利用している。
　卸売市場の魚屋（個人商店）に勤務する男性と結婚。生活は苦しかった。長女を出産したが重度のCPで、3歳まで生きられないといわれた。定頸（首のすわり）が遅く流涎（よだれ）がひどかった。「何でこんな子を産んでしまったのか」と何度も思った。いろいろ相談し、専門医に通ってボイタ法による訓練の指導を受けた。乳母車に乗せて毎日通ったが大変だった。
　貧しいことは本当につらい。近くの農家から家畜の餌にする屑野菜をもらい、鰹節を加えて煮て食べた。近くにある宗教の教会でも大変お世話になった。娘の歩行訓練の場所を提供してもらったり、夕飯をご馳走になったりした。信者は質素な生活をしていて、そのなかからよくしてもらった。栽培している野菜も分けてもらえた。娘を連れて教会に何度もお参りしたし、信仰活動にも積極的に参加した。でも娘は治らなかった。

子どもはもう産むなと周囲からいわれたが、2年後に次女を出産した。次女は健康に恵まれ、現在は嫁いで近県で暮らしている。高校生と中学生の男子の孫が二人いる。下の孫がやさしくてよい子で、ときどき訪ねてきて用足しをしてくれる。「ちゃっかり小遣いは持って行くが」と苦笑交じりに、でもうれしそうに話す。

　長女は就学年齢頃にようやく定頸し流涎もおさまった。養護学校に就学し、小学4年生の頃から近隣の大学の学生ボランティアに支えられて生活している。娘を乳母車に乗せて養護学校まで送迎した。坂道がつらかった。一番つらかったのは銭湯に連れて行ったときで、障害のある娘をみなが珍しげにジロジロ見に来る、まるで見世物のようだった。養護学校の高等部卒業後、長女は身体障害者療護センターへ5年間の期限で入所した。長女のセンターでの居心地はよかった。

　その頃、夫が魚の目の切除術を受けた。糖尿病があり患部が化膿して、おかしな言動が出現した。細菌性の脳膜炎と診断された。治療の甲斐なく2週間ほどで死亡した。いまなら医療ミスで訴訟になるようなケースだと憤る。夫は勤め先も定年間近であったが退職金もなく、年金も満額に届かないまま遺族年金となった。生活はずっと苦しかった。長女の退所期限が迫っていたが、夫の死により2年間の延長が認められた。

　次女と二人で、できる仕事は何でもして生計を立てた。するめ屋（のしイカの加工）のパートは時給300円だった。百貨店の買い物袋張りの内職も長年続けた。本人にも先天性の股関節脱臼があり、長時間の立位が困難であった。障害のある娘の面倒をみるのは、成長につれてどんどん難しくなっていった。長女は25歳のときに療護センターを退所した。次女は嫁いでいった。「あの子にはあの子の人生がある。あまり迷惑はかけない。それでもけっこうよくしてくれている」という。現在は年金が主な収入源。「昔に比べたらいまが一番幸せだと思う」と何度もいう。

　現在、長女は膝歩きで畳での生活をしている。パソコンと韓流映画が趣味。長女も年齢のせいか、体力が落ちてきて近頃は着脱にも介助が必要である。ひどい便秘で浣腸や排便介助が必要だが、本人（母親）は股関節の手術後「かがめない・畳が苦手」となり、長女の世話はヘルパー抜きでは考えられない。

　長女は、毎日ヘルパーの着脱介助と送迎介助を受けて福祉センターに通い、生きがいになっている。週に2日は作業所で働いていて、それ以外の日はほかの障害者と交流したり、自立支援事業の外出介助で方々へ出かけて行く。娘の舞妓さん体験の写真をうれしそうに見せ、「あんな子でも出歩くことに意味がある」と話す。帰ればパソコンの前から離れず、メールのやりとりをして楽しんでいる。長女には少し知的障害があるように自分は思うが、ネガティブに考えないよう支援者からいわれている。二人でいるときはにぎやかに話がはずむ。

　長女は几帳面で、整理整頓をきちんとしないと気がすまないタイプである。掃除ばかりしている。部屋は片付いており、各所に「ホタテがあります」「○×の日です」などの張り紙がしてあるが、最近忘れっぽくなった自分を思って、娘がヘルパーに頼んでメモを張っているという。そうしないと本当に忘れてしまう。高齢になったし、認知症が始まったのかもと不安になる。

　先日、知り合いで知的障害児を育ててきた未亡人（90歳）が51歳の息子に脳梗塞で先立たれ、その後ぼけたようになってしまったのを身近に見て、自分亡き後の娘のことを心配している場合ではないと痛感した。「子を先に送ることもある」のは、それはそれで心配で、娘に早めの施設入所をすすめるが、本人は「施設は自由がないので嫌。畳生活ができないベッドと車椅子の生活はお尻が痛くなってつらい」とキッパリ拒否するので、いまのところペンディング状態だが、先行きは真剣に考えたら不安である。

　いまは足が痛くて（巻き爪）自宅での入浴が困難なこと、寒くて家に閉じこもりがちなのが、本人の困りごと、心配ごとだ。ケアマネジャーは入浴目的での通所介護の利用をすすめるが、せわしない施設での入浴は嫌だ。ヘルパーは生活支援で入ってもらっているので、自宅での入浴介助は頼めない。娘のヘルパーに入れてもらうのは、制度が違って無理。融通が利かないと嘆く。

　その後、本人が転倒骨折し入院する。それを機に長女は一人暮らしを始めた。

表9-5　事例Dの聞き取り内容

D　72歳・筋萎縮性側索硬化症の本人からの聞き取り内容（主たる介護者である妻も同席）

　妻と二人暮らし。訪問介護を毎日朝夕利用（ベッドから車椅子への移乗介助や清拭・着脱介助など）している。本人は大工の棟梁をしてきた。自宅は一軒家で自ら立派な木材を使用して建築し、風格のある2階建て和風家屋である。

　6年くらい前から、仕事中に大工道具がもてなかったり、力が入らなかったりするようになる。初めは年齢による筋力低下だと思い、スポーツジムに通って筋トレや水泳をしていた。症状が悪化していき、おかしいと思って大学病院を受診、ALS（筋萎縮性側索硬化症）と診断された。

　当時は歩けていたが次第に松葉杖歩行となり、2年前から車椅子生活である。現在四肢は脱力、運動まひ状態で、すべての生活場面で介助が必要である。妻が主たる介護者である。「パーキンソンの人がうらやましい。四肢のどこかは動くから」と話す。1年前から声帯筋が弱ってきて、現在は嗄声（かすれたしわがれ声）となっている。肺活量が低下し息切れが強い。ハーモニカを吹くリハビリなどを行っている。寝返りがうてず、同一姿勢を保つこともしんどくなってきた。時折強い脱力発作があり、車椅子からずり落ちることがある。そんなときは本当に困るという。

　薬物療法をしているが効果はない。高価な薬なので処方を断ったこともある。税金を使っているのにもったいないと思う。医師が飲み続けるようにいうので仕方なく服用している。年々弱ってきている（進行している）のが自分でもわかる。医師が人によって進行状況はまちまちというので先の予測はつかないが、来るべきものが着実にやって来ていると感じる。息苦しさが本当に怖くてつらい。肺活量が2300mlまで落ちたら気管切開をするといわれている。最近排痰がうまくいかずつらい。吸引機の貸与申請をしている。全身の循環が低下しているのか足は冷感が強く、大変な寒がりになった。

　妻は小柄で、もともと膝の関節が悪く身体障害者手帳をもっている。昨年8月に膝の関節の手術をした。爬行（はって行くこと）が見られる。買い物などの外出は1時間が限度で、妻も電動車椅子を使用している。夫の介護がつらそうで、本人の前では何もいわないが、大変疲れている様子である。

　子どもはいるが別居している。夫が子どもに介護されるのを望まず、介護は妻の当然の役割と考えている。子どもたちが妻の介護負担を心配して、もっと社会資源の活用を図るように助言するが、それでももめることもあるという。ベッドにビニールシートを敷いて介護を楽にするなど夫婦二人で工夫してがんばっているが、妻はストレスが溜まっている模様。在宅生活を強く望む夫につき合っているという印象である。

　昨年から呼吸機能の低下が顕著で、呼吸困難は本当に怖い。いつどうなるかわからないから不安でたまらない。一人でいるのが怖い。根治不可の病気が怖い。入院は嫌。病院はいるところとは違う。家がよい。でも妻の負担を思うとそれもつらい。入院すると排尿をオムツでするよういわれるのが嫌。現在もトイレで排泄し、夜間は尿瓶を使用している。すべて妻の介助である。「妻は僕の手足です」と訴える。

　入浴は、男性ヘルパーに週3回来てもらってシャワー浴をしている。男のヘルパーが心強い。その人が間もなく退職すると聞き、代わりの人を心配している。発症直後の治療薬の副作用で全身に強いかゆみが出て、いまも持続しているため、毎朝ヘルパーに清拭してもらう必要がある。

　治験は発症後1年以内しか受けられないことを、本人は残念に思っている。「IPS細胞から新薬ができるまで、たぶん自分は待てないと思う」と話す。

　担当のケアマネジャーは妻の本心がよくつかめないまま、「自宅で過ごしたい」との本人の意向を尊重してかかわっていた。別居している娘は介護職で病状の先行きを考え、母親の介護負担を強く心配している。家族から突然、ケアマネジャーの交代を切り出されたという。

　その後、本人の病状も進行し入院となった。

表9-6 事例Eの聞き取り内容

E　70歳・アルツハイマー病の妻を介護する夫75歳からの聞き取り内容
妻は2001年に若年性アルツハイマーと診断された。以降、夫の献身的な介護が始まる。夫婦二人暮し。息子二人は結婚して独立。 　夫は仕事一筋で、生活全般は妻任せだった。妻は専業主婦で社交的な明るい人だった。習字・カラオケ・水墨画が趣味で、自宅には妻の書や水墨画が額に入れて飾ってある。妻の発症前に夫は定年退職していたが、現在も自身の仕事は不定期ながら継続している。近隣に親族が多く住み、妻も発症前は親族経営の事業を手伝っていた。 　2000年頃、妻の身内から「約束を忘れる。ちょっと様子がおかしいから」と受診をすすめられた。夫は正常だと思っていたが、夫の浮気への被害妄想はひどかった。受診の結果は異常なしだった。2001年に妻の身内から再度「おかしい」と指摘され、別の医療機関を受診して若年性アルツハイマーの診断を受けた。薬物療法を受けながら通院していたが、その頃から徘徊が始まった。2003年には着衣失行なども見られたが、まだ勝手に出て行っても自分で帰宅できた。 　発症後も夫婦でよく旅行をした。ドイツでは城の見学に行く途中、妻は「坂道を登るのが嫌だから待っている」といって、数分後に夫が戻るといなくなっていた。警察に届けて探し回り、4時間後に保護された。近くを通りかかったドイツ人が散歩でつれていた犬に気を取られ、ついて行ったという。そのドイツ人が不審に思い、警察に連れて行ってもらえた。 　2004年には、中国の万里の長城を見学しようというときに、男女別のトイレにそれぞれ入り、夫が出て来たらいなくなっていた。中国人ガイドと探し回った。たまたま前日いっしょに食事をした日本人が見かけて連れて来てもらえた。運がよかったと思う。そのまま生き別れになっていたかもしれない。でもいまとなっては、行けるときに行っておいてよかったと思う。 　この病気は段階的に2～3年、4～5年の単位で進行するように思う。主な困りごとは徘徊だった。服に名前と住所を書いていたが、役に立たなかった。警察にも相談したが、最寄りの交番では受け付けてもらえず本署まで行った。当時の警察は介護家族のことを考えていないと思った。手続きも大変だった。近隣では顔見知りの人に助けてもらえるが、外出中だと大変困る。通院中の帰りの電車で夫がウトウトして目を覚ますと、一人で降車していたことがあった。妻が降車したと思われる駅周辺を息子と探し回ったが見つからず、翌日の昼すぎになって警察に保護されたこともあった。 　当時、もっとも役に立ったのは警備会社のレンタル発信機（いまのGPS機能のようなもの）で、それをもたせた。妻は絵が好きだったので美術館に連れて行ったわずかの隙にいなくなったときも、その警備会社に連絡し、リアルタイムで居場所を携帯電話に送信してもらいながら発見できた。月間5,000円余りのレンタル料だったが、安くて有益だった。徘徊者には、行政のサービスでそういった機器をもたせるといいと思う。 　2005年頃、自転車に乗れなくなり、食事が一人で取れなくなり、同じものばかり買う、財布がないとくり返すようになって、家事一切を夫が引き継いだ。何もわからなかった。お茶一杯自分で入れたことがなかった。記憶にある妻の見よう見まねのほか、買いものをした店で調理法を聞いたり、妻の身内に家事を教えてもらったりしてやり過ごした。大変困ったのは銀行関係で、どこに何があるかわからず、整理するのに1か月くらいかかった。 　幸いなことに妻は非常に几帳面に家計簿・日記をつけており、領収書関係もきちんと保管してあったので、金銭管理は助かった。妻の気持ちにもいろいろ気づけた。女性（主婦）の大変さがよくわかった。世の男は妻が元気だとわからないだろう。 　その頃から遠距離通院は困難となり近医へ転院。いまは介護タクシーで通院している。 　その後次第に身体機能が低下し、車椅子生活・全介助となる。すべて夫が担っている。息子二人は結婚して独立し、近所に住んでいる。週1回デイサービス、月2回5～7日ショートステイを利用している。このまま在宅でみていけたらと思っていた。

139

夫も規則正しい生活を送り、妻のサービス利用時には外出を心がけた。毎晩、自宅で入浴介助もしている。22時には妻を就寝させ、それから0時までは自分の時間として好きなことをしている。妻は異性には関心を示すが、同性には反応が鈍い。自分のことは何となくわかっている様子である。要介護度は、発症直後は2であったが現在は5。

ショートステイは、当初は妻がかわいそうだと思って利用したくなかったが、仕事の関係もあって4～5年前から月1回（2～3日）利用を始めた。

次第に介護負担が重くなるにつれて、夫は腰痛になった。マッサージに通ったが改善せず、病院でいい先生に出会い、投薬と気分転換にカラオケを始めてから、腰痛は気にならない程度に改善した。ストレスが大きいと体に変調を来すと思う。介護家族の健康管理が大切である。

いまは隔週でショートステイに助けられている。自宅に戻り夫の顔を見ると、うれしそうな表情をする。知っている人が来てもうれしそうな顔をする。帰宅後も体調面の変化はなく、まぁまぁいいのかなぁと思っている。

昨年、夫が仕事で地方へ出張中、ショートステイを利用していた妻が急変し救急搬送された。息子から危篤状態と連絡を受けとんぼ返りした。ICUで集中治療を受け、今日明日の命と思われたが、次第に状態が安定した。あと2年くらいは在宅でと思っていたが、もう限界かなと思う。病院からは、これ以上よくならないからと転院をすすめられた。制度だから仕方ないと思うが、家族の身になってほしい。転院してもまた転院のくり返し。どこでもいいからもう少しおいてほしい。特別室を利用しているが、その部屋の設備を妻が使うこともなく、理不尽な話だと思う。

妻の落ち着き先が見つかり、自身の健康状態が低下してきたら、長男夫婦が同居しようといってくれている。3年前に前立腺肥大症で手術し、自分の健康面もちょっと心配になってきたが、小野田寛郎さん（帰還兵）の話を聞いて、人間は一人でも生きていけると思った。

病院では通院していても、科学的な検査などはあまり行われない。薬を処方しているだけ。福祉との連携もない。説明がないことに不満を覚える。今後の見通しなども一切説明されなかった。市民講座でアルツハイマー病のことを聞いたが、具体的な内容に乏しくあまり役に立たなかった。

その後、妻は体調が回復することなく入院生活を続け、2015年に他界した。

9-3　5つの事例の考察

5つの事例は、家族介護者や要介護当事者の3年から51年にわたる介護生活歴やそれぞれの思いについて語られたものである。

Aのケースでは、妻はもの静かなしっかり者の印象で、冷静に過去のことを淡々と話していた。自分が大変だとは思わない、嫌なことは嫌とはっきりいう、仕事中は夫のことは忘れる、職場や近隣（40年間現在の住居に居住）の友達とのおしゃべりや外食でストレスを発散している、との話であった。

夫婦関係の破たん寸前での夫の発病により、子どもに迷惑はかけられないという気持ちから自分で面倒をみると決意し、社会資源を駆使しながら自分の生活ペースもしっかりと維持しつつ、合理的な介護をしていた。

言語障害が出現し認知症が進行するなかで、意思の疎通ができなくなった

ことで通所介護の利用も定着し、妻の介護負担は軽減した。また夫とのやりとりでのストレスを感じなくなったと語っていた。ただ、夫の意思を汲み取ろうという努力は放棄したかのようで、ネグレクトとも取れる様子が危惧された。

　夫婦関係の歴史や生計維持が大きな課題であったが、生活圏内にさまざまな支援を受けられるソーシャルサポートが複数あったことが大きな支えになっていたと思われる。

　Bのケースでは、明るく人当たりのよい闊達な夫で、自分なりの考えや意見もしっかりあり、発言もきちんとしていた。書画骨董という趣味もある。妻の発病後は家事が大変で、それまではお茶一杯も自分で入れたことはなかった。

　知り合いに妻を介護している人がいるが、その人の息子は介護家族を抱えていまだに結婚もできないのを見ていると、自分のところは息子が結婚してからこんなことになってまだよかったと思う、という話だった。

　介護をきっかけに同居していた息子夫婦とうまくいかなくなり、別居に至っている。調査時点では息子夫婦との関係は遮断されたままで、経緯については一切語られなかった。妻の介護のことで子どもたちに負担をかけるのは避けたい、という強い思いがくり返された。

　心配は今後のことであり、息子たちのためにも妻をおいて自分は逝けない。妻を先に送って自分はピンピンコロリがよいので、無駄な延命も絶対に断る。1日でも長く妻と暮らしていけるように、自分の健康管理に注意しているとの話だった。

　しかしその後、夫は口腔底がんとなり、2015年に手術を受けた。会話が困難になり、経口摂取もできず胃ろうを造設したが、体力が低下して妻の介護はままならなくなった。息子とは絶縁状態のままで、息子も離婚し他県で一人暮らしをしているという。夫婦二人で介護保険サービスを利用しながら、何とか在宅生活を続けているとのことである。

　自宅には妻の療養室が設けられている。面会した妻はかわいい感じの人で、「この人（夫）は怖い」と笑顔ではっきり話していた。夫には介護に対して確固とした自分の考えやペースがあるようで、男性の合理的な介護が妻に

はなじまないのかもしれない。妻はコミュニケーションがしっかり取れ「デイサービスはつまらない。家がいい」とはっきり訴える。夫の介護抜きには妻の生活は成り立たないが、夫の生活ペースが妻にとっては負担になっているのかもしれないと感じられた。

　利用していた訪問リハビリについて夫は、担当者との相性によって妻の訓練への意欲や成果が大きく異なることに驚いたといっていたが、家族は容易に代替者をあてられない。

　また、夫が妻を介護する場合、排泄介助のストレスがもっとも高いとの研究報告（矢吹2016：392）があるが、本ケースでも夫は排泄介助がもっともつらく、トイレまでの歩行介助のみにとどめていた。排泄に関しては非常にプライベートな問題であり、本人のプライドとも関係する。本ケースでもポータブルトイレを使用したことにより孫から尿臭を指摘され、それが発奮材料となってトイレでの排泄が継続されている。

　今後の生活展望も含め、要介護者本人が気兼ねなく安全に24時間体制で排泄の欲求を満たす方策を、ケアプランに組み込むことも必要と思われた。

　Cのケースでは、担当の介護支援専門員から「攻撃的で愚痴っぽい人」と聞いていたが、実際に会った印象はまったく違った。利害関係がないなかで、よく知らない筆者との会話がけっこう楽しかったのかもしれない。また寒くて閉じこもりがちな生活では、人の来訪がよい意味での刺激となったのかもしれない。攻撃的な言葉はなく、筆者と「会ってよかった。また来てほしい」と歓迎的であった。

　何度も「貧乏はつらい。こんな子を産んで申し訳ない」など、大変な苦労をしてきた様子が印象的であった。だから「いまが幸せ」との発言がくり返されたのかもしれない。

　介護が必要な親と障害者の娘の二人暮しでは、制度の利用にも個々のケースに沿って現実的・柔軟・効果的な運用が必要と思われた。さらに、障害がある娘の親亡き後の先行き不安への対応についても考えさせられた。

　Dのケースでは、進行性の疾患を患い機能低下を日々実感している夫と、それを支える妻も大変つらそうであった。先行きを見据え、別居の子どもたちも含めてのケアプランの作成や検討が必要と感じられた。

入院を嫌がる夫ではあるが、訪問看護や居宅療養管理指導などの医療系のサービスが使われないままであった。結果的には家族から突然、介護支援専門員の交代の申し出があり、その後入院となった。

本人の意思や自己決定と家族の意思に隔たりがある場合、支援者はその調整に苦慮する。在宅介護の限界を的確に見極めることは困難であるが、利用する居宅サービスの選択には、要介護者の寝たきり度と医療的ケアの必要性が、家族介護者の在宅介護継続意思に影響しているとの報告（菅原2016：412-414）もある。

Eのケースでは、夫は介護のみならず家事全般についても13年間献身的にがんばってきた。しかし一人で介護に没頭することはなく、適宜必要な人に相談し助言を受け入れたこと、経済的にも裕福で有償のインフォーマルサービスを活用し、さまざまなソーシャルサポートを受けながら必要な割り切りもして、自身の仕事や生活時間を確保してきたことが、在宅介護継続の要因であると思われた。

妻の認知症の初発症状が夫の浮気への被害妄想であったこと、ずっと仕事人間で生きてきたことで妻への罪滅ぼしのような言葉が端々に聞かれたことから、「妻への恩返しや愛情によって介護」しているといった印象があった。

ひどい徘徊時に役に立ったのは警備会社とショートステイとの話だった。今後は、家族介護者の直接的な助力となり得る認知症サポーターや社会資源などを多様に育成していくことも求められると考える。

9-4　当事者と家族介護者をセットで支援する・先を見据えた支援体制を創出する

5つの事例には、家族介護者に共通する強い責任感がある。子どもたちに迷惑はかけられない、それまでの夫婦関係から要介護者への労わりや恩返しの気持ち、こんな子を産んでしまったのは自分の責任といった発言が印象に残っている。

それぞれのケースには家族の歴史や人間関係などの事情があり、経済問題や介護プラス家事に苦慮しながらがんばって在宅介護を継続している。介護

が必要な状況が生じた際に、日本の家族特性として血縁者による介護が優先されてきた（豊田2015：53）。しかも家族内の特定の続柄の血縁者に、実際の介護が集中することが多かった。

　介護に対する家族介護者の肯定的な評価の形成には、要介護者と家族介護者の良好な関係だけではなく、専門家に相談してサービスを利用することや、家族介護者が要介護者と一時的に心理的・物理的な距離をおくことも重要であるとの指摘（陶山2004：461）もある。

　家族形態や家族関係・家族意識の変化により、今後は孤立無援状態の人が増加する懸念が大きい。要介護者の生活を継続していくうえでは、安全性確保のための人的ネットワークの形成が必要となってくる。併せて援助する側は、当事者のみならず、その家族も含めて支援の対象であることを忘れてはならない。

　5つの事例に共通することとしてもう1点、将来への不安がある。要介護者の重度化や病気の進行、いつまで続くのかわからない介護期間、介護者自身の健康問題などである。

　Aの事例では、要介護者の重度化によって逆に介護しやすい状況が生じたこと、そして長年住み続けた近隣からのインフォーマルなソーシャルサポートや制度活用によるフォーマルなサービスの利用に支えられて、家族介護者が気分転換を図れたことが、在宅介護を継続させた要因であろう。しかし重度化して意思の疎通が困難になった要介護者への対応には、ネグレクトや介護放棄といった虐待リスクが潜みやすい点も忘れてはならない。

　具体的な制度の運用には、地域共生社会の実現に向けて、高齢や障害など年齢や領域別ではなく、2017年からは共生型サービス（介護保険事業所と障害福祉事業所が両者の事業所認定を受けて一体的に生活介護や通所介護等のサービスを提供できる）の設置や、2018年からは医療と介護の連携強化により在宅療養をサポートする支援事業所も試行されてきている。

　夫による介護というB・Eの事例では、社会資源の活用やさまざまな支援を積極的に受け入れることで孤立化を防ぎ、合理的な介護生活を送っていた。夫主導の生活ペースについて、妻はどのように感じているのか疑問は残るが、夫はそれぞれ自分の趣味や仕事を継続し、自分の時間も一定確保して

いた。その後Bの事例では介護者である夫が健康を害し、現在では体力的に介護生活維持が困難となりつつある。

　Cの事例では、つらかった過去の生活と比較するなかで、経済的にも心情的にも安定している現在の生活に感謝していた。制度の柔軟な活用がままならないことへの不満や、親や障害がある子の高齢化に伴う将来不安を感じながらも、現在かかわりのある関係者や近隣・知人との人的ネットワークに支えられ安寧に暮らしていた。母親のケガを契機に、娘は新たな生活を踏み出したという。

　Dの事例では、進行性の難病を患い日々機能低下していく状況に戦々恐々としつつ、妻が夫を介護すべきという夫のロールモデルに縛られて妻も疲弊しながら介護していた。妻は、自由な発言が保障されない状況下で夫と子どもたちとの狭間に立たされ、本音を語る場が確保されていないように思われる。妻自身も歩行機能に障害がありながらの介護生活である。夫の思いと家族の意見が一致せず、病状が進行していくなかで、結果的には本人にとって不本意な入院生活を余儀なくされている。

　人口高齢化が進行し、地域包括ケアシステムを構築していくうえで、家族だけでは介護を担いきれない状況は明白である。認知症ケアも含めて、多様なソーシャルサポートが必要になってくる。生活圏内の身近な人びとによる支援が必要で、その組織化やネットワーク形成、さらにこうした一般市民の支援者をサポートするためのソーシャルワークの課題がある。共生互助社会では、専門職も非専門職も互いに支援者であるとともに、その支援者が心身ともに健康でなければよい支援にはつながらず、支援者が支援を受けることが必要である。

　『認知症の人と家族の暮らしに関するアンケート調査報告書2011』によると、認知症ケアの質は、認知症の人の実情に応じてどれだけ個別対応ができるかによって変わってくる。ケアスタッフの退職が頻繁でベテランが育ちにくいことは、利用者にとっての不幸である。スタッフの配置数の増加や身分保障をしっかりして、専門職としてのキャリア形成が必要であるなどの意見が報告されている。

　Bの事例でも、訪問リハビリの効果は理学療法士によって大きく異なると

語られていた。一方Cのケースでは、障害のある娘の日常生活は、近隣の大学の学生ボランティアによって支えられたと語られていた。

　専門職としてその分野の専門性を高めるだけではなく、その前提として支援を必要とする人やその家族の理解を深め、対人援助職者としての専門職性を高める必要がある。非専門職であるさまざまな市民にとっても、共生互助社会で求められる自己の役割について啓発を受ける機会が必要である。

　支援者がしっかりサポートされれば、結果的にケアの質を改善させる。支援にあたるさまざまな人が心身ともに安定して、感情的に疲弊・消耗することなく、互いに気持ちよく互助機能が活性化されるための支援者支援の方策について、今後追究していきたい。

　また家族介護者に共通する「責任感」「将来不安」というストレスの状況を確認し、ストレス低減のための方策について追加検証していきたい。

引用文献

新村出編（2018）『広辞苑第七版』岩波書店
三富紀敬（2016）『介護者支援政策の国際比較―多様なニーズに対応する支援の実態―』ミネルヴァ書房
日本労働組合総連合会（2014）『要介護者を介護する人の意識と実態に関する調査報告書』
認知症の人と家族の会（2011）『認知症の人と家族の暮らしに関するアンケート調査報告書』
齋藤香里（2013）「ドイツの介護者支援」『海外社会保障研究』184、16-29
菅原直美・坂田由美子・高田ゆり子（2016）「家族介護者の介護評価と居宅サービス利用状況との関連―要介護4、5の要介護者の家族介護者を対象とした横断調査―」『老年社会科学』37（4）、406-415
陶山啓子・河野理恵・河野保子（2004）「家族介護者の介護肯定感の形成に関する要因分析」『老年社会科学』25（4）、461-470
高原万友美・兵藤好美（2004）「高齢者の在宅介護者における介護継続理由と介護による学び」『岡山大学医学部保健学科紀要』14、141-155
豊田謙二（2015）『認知症の人と創るケアの世界―日本とドイツの試み―』ナカニシヤ出版
矢吹知之・吉川悠貴・阿部哲也ほか（2016）「認知症家族介護者における高齢者虐待の蓋然性自覚の生起要因―介護者と被介護者の続柄および性別による検討」『老年社会科学』37（4）、383-396
山口豊子・福嶋正人・芝山江美子（2010）「要介護高齢者の在宅介護を支えるもの―家族介護者へのアンケートおよびインタビューより」『滋賀医科大学看護学ジャーナル』8（1）、55-60

第10章
訪問介護事業所におけるサービス担当責任者の就業上のストレス要因の構造と対策

10-1　期待が高まる訪問介護　サービス担当責任者の疲弊

　わが国では当面後期高齢者が増加する。平成29年度の介護給付費等実態調査では訪問介護への利用ニーズが高く、利用割合は要介護1では「生活援助」65.4％、要介護5では「身体介護」88.3％となっている。提供されるサービス内容は、要介護状態区分が高くなるほど「身体介護」にシフトしていく。

　公益財団法人介護労働安定センターの介護労働実態調査（平成29年）でも、今の職種以外で介護職を続けたいと考える人は23.6％で、そのうち訪問介護員を希望する人が47.4％にのぼる。

　しかし、訪問介護員は施設の介護職員と比較すると正規雇用者が少なく賃金体系も低い。介護職員の離職率は正規雇用と比較して非正規雇用のほうが高いが、訪問介護員では逆転している。これは、訪問介護事業所に小規模・単独事業所が多く、そこで働く正規雇用の職員は少数派だからである。

　そして訪問介護事業所の正規雇用職員には、サービス担当責任者の任にある人が多い。サービス担当責任者の業務は多様で繁忙である（須賀2010：16）ことから、サービス担当責任者の就業上のストレス要因とその対処法について解明することを目的に行った考察結果について述べる。

　2014年には、地域における医療と介護の確保に関する法律が成立した。厚生労働省は、地域包括ケアの深化や地域共生社会の実現をめざした2035年の保健医療システムの構築[1]、並びに「新たな時代に対応した福祉の提供ビジョン（2015年9月）」など各種の施策を提示している。今後、地域包括ケア

システムの構築を推進・深化させていくなかで、訪問介護事業所に期待される役割は大きい。

しかし、訪問介護事業所は比較的小規模の組織で運営されることが多く、登録ヘルパーなどの非正規職員も多い。

平成20年度に介護労働安定センターが実施したサービス担当責任者実態調査では、訪問介護事業所の61.7％は民間企業による事業運営で、経営面でも赤字か収益ゼロが72.6％と厳しい状況にある。同一事業所敷地内で居宅介護支援事業を行っている事業所が半数（51.4％）を超える。1事業所あたりの従事ヘルパー数（サービス担当責任者を除く）は10人以上20人未満が31.4％、事業所あたりの平均在籍ヘルパーは15.2人、サービス担当責任者の配置は1名が37.4％で2名が31.3％であった。

訪問介護事業を実施運営していくなかで、サービス担当責任者（以降サ責と表記）に求められる機能や役割には、厚生労働省令37号指定居宅介護サービス等の事業の人員、設備及び運営に関する基準の規定により以下の3点があるといわれる（堀田2008：97）。

第1に、利用者ニーズを適切に把握し、その実現のために必要な訪問介護計画を作成し着実にサービスを提供すること、第2に、利用者の変化の把握についての情報収集とヘルパーやケアマネジャーへの橋渡しという「サービス管理」、第3に、ヘルパーの職業能力の把握とそれへの配慮や職業能力向上への取り組みという「ヘルパー管理」である。

先の介護労働安定センターの調査では、サ責の介護の仕事の平均通算経験年数が8.1年であり、サービス提供責任者としての平均通算経験年数は3.3年、現在の職場での平均経験年数は2.7年である。サ責が受けたい研修は「より高度な介護についての知識と経験」であり、サ責の業務を円滑に進めるには「ヘルパーの人員の確保」という回答がもっとも多い。

つまりサ責の業務は多忙を極め、サ責自身も十分な介護経験を重ねているとはいえないなかで、自身の責務を果たすことに奔走している。そしてサ責自身が多大なストレスを抱え、現場での人手不足感に悩まされつつ従事している現状が容易に予測される。

本章は、研修会参加者が作成した379枚の発話カードをもとに、鴻上・松

田がカード分類法によって訪問介護事業所のサービス提供責任者の就業上のストレス要因を明確化し、その対処法について考察することを目的とする。

　この研修会は、2015年からの筆者らの一連の調査により得られた「高齢者介護福祉施設で従事する介護職員・相談員は、職務上のかかわりの場面で感情労働を行っている実態がある。［援助者としてのストレス］や［職業人としてのストレス］により［共感疲労］に陥る可能性をはらんでいる。しかし［職場の支え］［自己覚知による学びと自己理解］［それぞれの対処法］を駆使することで、［共感満足］に変化させることが可能である」との仮説検証の意味もふまえて、松田が2016年9月にA県にある訪問介護員の職能団体から、「サービス提供責任者への支援者支援」についての研修会講師の依頼を受けたものである。本章はその際に実施した内容にもとづく。

10-2　研修会の概要

　研修会の実施時期は2016年9月である。研修会の目的は、事前に当該職能団体代表との協議のうえ、以下のように設定した。

　サ責として働くなかで「ストレス」や「疲労感」の対処について、講義とグループワークを通して学び考え、ストレスを軽減しよりよい利用者支援ができることをめざす。そして研修会参加者には、以下の点について当日のグループワークで発言できるよう事前準備を依頼した。

①利用者やその家族・同僚・関連職者とのやりとりのなかで精神的ストレスを感じたことがあるか
②利用者やその家族・同僚・関連職者の感情に巻き込まれたり、傷ついたりしたことがあるか
③もっとも疲れを感じるのはどんなときか
④（スーパーバイザーとしての経験があれば）スーパーバイザーとしてのかかわりのなかで傷ついた体験があるか。スーパーバイザーとしての役割が果たせているか
⑤施設・事業所内での支援体制の有無と望まれる支援体制への意見

研修会参加者は、A県内の訪問介護事業所のサ責37名であった。サ責としての経験年数は4か月〜16年6か月。所属事業所での登録利用者数は7〜230名。所属事業所でのヘルパー数は4〜68名である。

　研修会の内容は、90分の講義「介護福祉従事者のメンタルヘルス対策と支援」を松田が行い、その後140分のグループワーク「支援者のストレスを軽減させる支援策について考える」を演習した。

　グループワークでは、所属事業所・経験年数・事業所規模がほぼ平均化さ

表10-1　研修会当日のグループワークの結果

	1グループ	2グループ	3グループ	4グループ	5グループ	6グループ
タイトル	私たちの思い	無理解！	私たちの思い	ストレス	気になる木	悲喜こもごも
小見出し	希望(4)	利用者の我儘(4)	利用者の状態(4)	仲間への不満(10)	対利用者(18)	サ責のストレス 利用者(8) VSケアマネ(7) 家族との食い違い(3) ヘルパーとのコミュニケーション(5) 上司(4)
	サ責のストレス(5)	利用者の無理解(7)	家族の理解(4)	上司への不満(5)	家族さん勘弁して(6)	マネジメントのストレス デスクワーク(5) 現場(7) 時間(9)
	対応のストレス(5)	認知症はつらい(5)	ヘルパーに対して(19)	関連職への不満(4)	サ責の重圧(16)	サ責の 喜び(7) 胸の内(6)
	家族へのストレス(2)	家族の無理解(5)	職場の環境(3)	認知症の利用者への不満(4)	頼むわヘルパーさん(12)	
	職場へのストレス(6)	上司の無理解(12)	人手不足(2)	家族への不満(9)	ちょっと看護師さん(3)	
	実務のストレス(6)	同僚の無理解(14)	サ責の不安(4)	利用者への不満(14)	はらり(3)	
	現場のストレス(5)	サ責はつらい(9)	サ責の不満(13)	今後めざすこと(4)	わかってくれよ〜上司(6)	
	連携(3)	支援策(7)	利用者への不満(8)		希望(2)	
		ケアマネの無理解(2)	ケアマネへの不満(7)		うれしかったこと(5)	
		サ責の喜び(10)	支え(9)		ケアマネへの怒り(11)	

（ ）内は発話カード数　発話カード総数377

れるよう6～7名のグループを6グループ編成し、①～⑤について各グループでディスカッションした。ディスカッションの中身について研修参加者に発話カードを作成してもらい、カード分類法による整理作業を行い「日頃のサ責の悩みとストレス　その対処法」と題して各グループが発表（各グループの発表内容の結果は表10-1参照）し、講師から講評・コメントを提示した。

　いずれのグループの報告でも共通していたのは、次の内容であった。

　サ責は非常に多忙である。本来業務の内容が多岐にわたり明確でない。本来業務以外の仕事も多く、勤務表の作成や緊急時・苦情の対応などに忙殺されている。

　サ責は感情労働をしている実態があり、強いストレスを感じている。その対象はサービス利用者・利用者の家族・ケアマネジャーが多い。自身を守りストレスを乗り超えるための処方箋が必要である。サ責が欲しているのは「休み」「人材」「ストレスの発散場所」である。

　しかしながら、業務のマニュアル作成や報告・連絡・相談体制を充実させ、コミュニケーションスキルを向上させ、時代に応じた人事管理を学び、サ責が適切なスーパービジョンを行うことで、サ責はバーンアウトすることなくサ責としての喜びにつながり、仕事継続やキャリア形成へのインセンティブとなることがわかった。

10-3　サ責のストレス要因と構造

　研修会での演習で作成された合計377枚の発話カードを、カード分類法により22のカテゴリーに分類し（サブカテゴリー）、それぞれに表札を付与した。また22のカテゴリー（サブカテゴリー）をさらに7つのカテゴリー（コアカテゴリー）に分類し、それぞれに表札を付与した（表10-2）。

　22のサブカテゴリーからなる7つのコアカテゴリーを互いに関連づけ、その意味を分析した結果を、以下に説明する。また、7つのコアカテゴリーごとに分類した22のサブカテゴリーでの具体的な発話内容を初期コードとして提示したものを、表10-3～9に示す。

表10-2 カテゴリー構成表

表札（コアカテゴリー）	表札（サブカテゴリー）
《サ責としてのストレス（109）》	〈サ責の責任に由来するストレス〉（63）
	〈サ責の叫び・要望〉（35）
	〈事務仕事の多さ〉（11）
《部下・ヘルパーからのストレス（65）》	〈部下の指導がうまくいかないことへのストレス〉（38）
	〈部下から受けるストレス〉（10）
	〈部下への不満（登録ヘルパー・年齢・資格）〉（9）
	〈部下の人間関係調整役としてのストレス〉（8）
《利用者からのストレス（68）》	〈困った利用者〉（28）
	〈利用者からの傷つけられ体験〉（28）
	〈認知症に起因する対応へのストレス〉（12）
《利用者家族からのストレス（33）》	〈利用者家族への不満〉（16）
	〈利用者・家族の関係調整〉（12）
	〈利用者・家族一体のストレス〉（5）
《関係職種者からのストレス（36）》	〈ケアマネからのストレス〉（28）
	〈医師・看護師からのストレス〉（8）
《管理者・上司への不満（25）》	〈管理者・上司への不満〉（25）
《エール・支え・対策（41）》	〈サ責の対策〉（12）
	〈部下からのエール〉（4）
	〈利用者からのエール〉（12）
	〈関連職種者からのエール〉（5）
	〈管理者・上司の支え〉（5）
	〈利用者家族からのエール〉（3）

1)《サ責としてのストレス》(表10-3)

"スーパーバイザーの役割が果たせていないことがつらい"や"ヘルパーの勤務希望の調整が大変""休日の緊急呼び出しや電話対応に疲れる。休みにならない"などサ責に与えられた役割は、ヘルパーの指導から勤務調整、家族への対応、多職種との連携など多岐にわたり、一つの事業所（あるいは一つの事業）の切り盛りを任されている実態が読み取れる。さらに、サ責としての役割が全うできていないと自ら感じることそのものが、複合的なストレスにつながっている。

これらの文脈から、普段からサ責があらゆる重圧にさらされていることがわかる。それが"何をいっても否定しないで聞いてくれる人がほしい"や"自分の意見が否定され、孤独感に苛まれる"などの言葉として表れている。

また、〈事務仕事の多さ〉も指摘されている。"事務仕事の残業が多く、帰宅時間が遅くなることが続く"や"事務処理や苦情処理が大変"という状況と、サ責としてのそもそもの役割に対する負担とが重なり合った形のストレッサーの存在が確認できる。

表10-3　サ責としてのストレス

カテゴリー	サブカテゴリー	初期コード
《サ責としてのストレス》	〈サ責の責任に由来するストレス〉	24時間気が休まらない。
		ヘルパー調整がうまくいかないとストレスを感じる。
		訪問から戻って連絡メモが山積みになっている時ストレスを感じる。
	〈サ責の叫び・要望〉	休憩がきちんと取れない。
		仕事内容が多過ぎて時間内に勤務が終了しない。
		現場で理不尽なことがあっても話す相手がいない。
	〈事務仕事の多さ〉	1日を訪問で過ごし、時間外にサ責の仕事をしている現状に疲れる。
		事務仕事の残業が多く、帰宅時間が遅くなることが続く。
		時間に追われて利用者の話をじっくり聞けないことがつらい。

2)《部下・ヘルパーからのストレス》(表10-4)

サ責の役割に「ヘルパー管理」があるが、これが大きなストレスの原因と

表10-4　部下・ヘルパーからのストレス

カテゴリー	サブカテゴリー	初期コード
《部下・ヘルパーからのストレス》	〈部下の指導がうまくいかないことへのストレス〉	何度いっても同じ失敗をくり返すヘルパーへの対応。
		自分の考えで勝手に動くヘルパーへの対応。
		利用者からの苦情について、ヘルパーに指導するのがつらい。
	〈部下から受けるストレス〉	ヘルパーの「しんどい・疲れた」アピールがプレッシャー。
		勤務表策定後の勤務交代がストレス。
		登録ヘルパーの出勤ドタキャン。
	〈部下への不満(登録ヘルパー・年齢・資格)〉	サ責の仕事の内容や多忙さを、ヘルパーは理解してくれない。
		自分に都合が悪いことは、すべてサ責の責任にするヘルパーに腹が立つ。
		身勝手なヘルパーに消耗する。
	〈部下の人間関係調整役としてのストレス〉	ヘルパーの世代間ギャップに疲れる。
		ヘルパー同士で、利用者に関することで批判される。
		職場内の和を保つのに神経を使う。

もなっている。"何度話しても理解せず、同じ失敗をくり返すヘルパーへの指導"や"自分のやり方を変えようとしないヘルパーへの対応"などが挙げられ、ヘルパーへの指導の難しさが表されている。背景には、サ責との資格の違いによる知識や技術の相違や、互いの世代ギャップなどが考えられる。

また、"ヘルパーからの働き方の要望への対応（担当件数調整が難しい）""登録ヘルパーは訪問先を選びわがままだ"などもある。

〈部下への不満〉では"（登録）ヘルパーの（出勤）ドタキャン"などが挙げられ、ヘルパー側の労働倫理的な課題も指摘されている。

さらに〈部下の人間関係調整役としてのストレス〉として"利用者から部下のヘルパーの苦情を聞くのはつらい"や"ヘルパー間での価値観や仕事に対する姿勢の違いに戸惑う"など、部下としてのヘルパーを取りまとめていくことの困難さも挙げられている。

3）《利用者からのストレス》（表10-5）

サ責がおかれている現状には、〈困った利用者〉としての表札が成り立つほど利用者からの重圧を抱えていることがわかる。

〈困った利用者〉とは"介護保険外のサービスを利用者から頼まれる""利用者から訪問計画にない援助を求められたとき"などの発話カードであって、いわゆる「制度外サービスの強要」を表現した文言が目立っている。背景には、介護保険サービスの不十分さがあるのかもしれない。

表10-5　利用者からのストレス

カテゴリー	サブカテゴリー	初期コード
《利用者からのストレス》	〈困った利用者〉	サービス内容以外のことを求められたとき。
		時間が終了しても帰らせてくれない利用者に辟易する。
		訪問時間を忘れて外出する利用者に腹が立つ。
	〈利用者からの傷つけられ体験〉	ヘルパーの業務のあら探しをする利用者。
		利用者がヘルパーについて理解してくれない。何しに来たといわれる。
		利用者から見下された物言いをされると怒りを感じる。
	〈認知症に起因する対応へのストレス〉	認知症の利用者にふいに叩かれたとき。
		認知症利用者に泥棒扱いされる。
		認知症利用者とのコミュニケーションは難しい。

また、〈利用者からの傷つけられ体験〉では"ヘルパーの悪口をいう利用者""利用者からヘルパーを拒否されるとき"などが挙げられている。

支援の対象として利用者を対象化すれば、悪口や拒否の行動もアセスメントすべきものとなるはずであるが、そうではなく「重圧の対象」となっている現状が浮き彫りになっている。

さらに、〈認知症に起因する対応へのストレス〉として"認知症の利用者から的を射た嫌味をいわれ傷ついた""認知症の利用者への対応・暴力行為"が挙げられ、認知症高齢者への対応としてのスキルを発揮できない状況が示唆されている。

4)《利用者家族からのストレス》(表10-6)

サ責は、利用者家族とのコンタクトも役割の一つであるが、利用者家族との関係の困難さも挙げられている。

〈利用者家族への不満〉では"利用者と家族の思いが違うとストレス"や"家族の思いとヘルパーの思いが噛み合わないとき"などが挙げられている。

そうした利用者や家族の状況から、〈利用者・家族の関係調整〉として"本人と家族の思いの違いの狭間に立たされる""家族内の意見のくい違いで援助内容がまとまらない"などの状況が起こっているのであろう。

また〈利用者・家族一体のストレス〉では"利用者や家族からの無理な要望""利用者宅でのもめごとで意見を求められる"などが挙げられている。利

表10-6　利用者家族からのストレス

カテゴリー	サブカテゴリー	初期コード
《利用者家族からのストレス》	〈利用者家族への不満〉	家族との意思疎通がうまくいかないときしんどい。
		業務について、家族のチェックが厳しく細かいと疲れる。
		利用者家族が訪問したヘルパーに八つ当たりする。
	〈利用者・家族の関係調整〉	家族関係が悪く、家族の協力が得られないケース。
		利用者が家族から暴言をいわれている場面に出くわす。
		利用者と家族の思いが違うとき、間に立たされ苦悩する。
	〈利用者・家族一体のストレス〉	介護保険制度を理解しない利用者や家族に腹が立つ。
		利用者や家族がヘルパーをお手伝いさんと思っている。
		利用者家族の無理解から誤解され、叱責されたとき。

用者やその家族の多様なニーズ、さまざまな生活状況が個別的に存在していることが背景にあると考えられる。

5)《関係職種者からのストレス》(表10-7)

サ責が連携すべき専門職から感じるストレスが、本研究に用いた発話カードからも得られた。ケアマネジャーとサ責はコンタクトを取る頻度がかなり高い。

〈ケアマネからのストレス〉は"ケアマネとの意思の疎通がうまく取れない""何度いっても動いてくれないケアマネに腹が立つ"などが挙げられていて、ケアマネジャーとサービス提供責任者の間でうまくコミュニケーションが取れなていないケースがあることが確認できた。

また、〈医師・看護師からのストレス〉についても"看護師からミスを指摘される""訪問看護師から嫌味をいわれたとき"などが挙げられている。専門職間での業務に対する価値観や方法の違いを、互いに理解することの不備などがあるのではないかと考えられる。

表10-7　関係職種者からのストレス

カテゴリー	サブカテゴリー	初期コード
《関係職種者からのストレス》	〈ケアマネからのストレス〉	ケアマネから一方的にいわれたとき傷つく。
		ヘルパーに丸投げするケアマネに腹が立つ。
		無理な支援計画を押しつけるケアマネに腹が立つ。
	〈医師・看護師からのストレス〉	看護師からバカにされると腹が立つ。
		利用者の状態変化を報告してもコンタクトしない医師への不満。
		利用者の医療情報が医療関係者のみで秘匿されるとつらい。

6)《管理者・上司への不満》(表10-8)

管理者・上司に対しては"管理者の理解が浅く、的確な助言が得られない""上司の理解が得られないとき"などがストレス要因として挙げられている。訪問介護事業所の管理者に資格要件はなく、介護の専門性を有していなくとも管理者としての配置は可能である。

また、訪問介護事業所の管理者は1名でよく、そもそもサ責の「上司（管

理者）」は限られた存在で、日常的にサ責が相談や悩みを打ち明けることは困難な状況にあるのではないだろうか。

表10-8　管理者・上司への不満

カテゴリー	サブカテゴリー	初期コード
《管理者・上司への不満》	〈管理者・上司への不満〉	管理者が現場をわかろうとしてくれない。
		上司がサ責の仕事内容を理解せず、丸投げしている。
		相談しても頼りにならない上司には失望する。

7)《エール・支え・対策》(表10-9)

他方、サ責がストレスの解消につながる要因として〈利用者からのエール〉では"利用者から頼りにされるとうれしい"が、〈部下からのエール〉では"ヘルパーの働きかけで利用者の状態が改善するとうれしい"が、〈管理者・

表10-9　エール・支え・対策

カテゴリー	サブカテゴリー	初期コード
《エール・支え・対策》	〈サ責としての対策〉	コーチングやスーパービジョンの導入が必要。
		研修に行くとモチベーションが上がる。
		事務所の扉を境に仕事とプライベートを分ける。
	〈部下からのエール〉	ヘルパー間で疑問について話し合いの場が設けられているのは心強い。
		事務所の雰囲気がよいのはありがたいと思っている。
		土日も厭わず出勤してくれるヘルパーの存在はありがたい
	〈利用者からのエール〉	訪問を心待ちにされるとうれしい。
		利用者から「また来てね」と笑顔でいわれたときうれしい。
		利用者の笑顔が元気をくれる。
	〈関連職種者からのエール〉	うちの事務所が頼りとケアマネからいわれるとうれしい。
		モニタリングで利用者から担当のヘルパーを褒められるとうれしい。
		訪問看護師から引継ぎノートに温かいメッセージが書いてあるとうれしい。
	〈管理者・上司の支え〉	管理者と定期的な話し合い、問題がないか聞いてもらえる。
		何かあれば相談にのってくれる上司の存在は心の支え。
		管理者とサ責との会議があり、しっかりと話を聞いてもらえるのは支え。
	〈利用者家族からのエール〉	家族から感謝されるとうれしい。
		利用者や家族からの感謝の言葉が支え。
		利用者家族から信頼されるとうれしい。

〈上司の支え〉では"上司がいつでも相談にのってくれる環境は支えになる"が、〈利用者家族からのエール〉では"利用者や家族からの感謝の言葉が支え"が、〈関連職種者からのエール〉では"看護師に助けられるとうれしい"が、それぞれ挙げられた。

　いずれもストレッサーにもなり得るファクターである。ストレッサーであったはずの対象が、逆にサービス提供責任者のメンタルヘルスケアの要因となっていることが、この発話カードから明らかとなった。これらのエールや支えは、サービス提供責任者としての役割をメンタルな部分において根本的に支えているといえるのではないだろうか。

　また、サ責は業務に対するあらゆる困難性を排除するための対策として、〈サ責としての対策〉では、"ヘルパーとの信頼関係の形成に努めている"や"研修や学べる場を提供している""個々のヘルパーの性格を把握しておく"などを挙げている。自ら業務改善しようとする姿、あるいはさまざまな業務における困難性を排除しようとする姿が見て取れた。

10-4　サ責への支援策　仕事の管理・運用・マネジメント

　サ責には、求められている役割の内容や負わされている業務量が非常に多いことが明らかとなった。

　背景の一つに、多くの訪問介護事業所が小規模で、一つの訪問介護事業所に対して配置されているサ責の数が限りなく一人に近いこと[3]がある。また、訪問介護事業所を成り立たせるための行政手続き、ヘルパーへの指導、利用者へのサービス提供の調整、ヘルパーの勤務調整、介護支援専門員などほかの専門職との連絡調整、自らも利用者宅に出向いて行うサービス開始前の面接やその他随時の面接、ヘルパーに不測の事態が起きた場合に代替の役割を負うなど、業務のバリエーションが多岐にわたることもある。

　これらのことが、サ責にストレスを与えている。これらのストレッサーを土台にして、「ストレスがストレスを引き寄せる」かのように、さまざまな人間関係が重層的なストレッサーとなるという構図が見て取れる。

　サ責の要件は、介護福祉士および訪問介護員1級である。ヘルパーは、訪

問介護員2級および介護職員初任者研修修了者である。サ責は、資格レベルが違う職員を監督・指導することが求められ、そのうえでその職員らが事業所全体の機能を果たしていけるよう人とシステムをマネージメントしていかなければならない。

　それは「介護の専門性」とは別の能力ともいえる。サービス提供責任者は介護の専門家であっても、一機構をマネージメントする専門家であるとはいい難い。《部下・ヘルパーからのストレス》で、サ責がヘルパーをうまく指導できない状況や、同調できないヘルパーの言動にストレスを感じている様子が見られたのは、こうしたサ責がおかれている労働条件や求められている役割の内容と関連しているように思われる。

　またサ責には、本来労働過程の内にある利用者との関係も、時にストレッサーとなっている。利用者のさまざまな言動はそれ自体が支援の対象であり、それらを対象化して専門職として受け止め、アセスメントして、利用者本人および周りの環境に対する影響を改善していくことが、介護に求められる本来の役割である。しかし、その介護が時としてできないくらい（支援を必要としている人として利用者を見られないくらい）、サ責がストレスを抱えている状況は非常に深刻であるといえよう。

　さらに、利用者家族との関係にも苦慮している様子が発話カードに描写されていた。サ責をはじめ介護専門職と利用者家族との関係は、利用者とその家族の関係に規定されている。多様な価値観や多様なライフスタイルが認められつつある現代社会では、家族関係あるいは親子関係も多様であることを前提にしなければならない。今日においては、サ責はそのような利用者やその家族を労働の対象にしなければならないのである。

　サ責は、唯一の（個別にはさまざまあろうが）上司である管理者に仕事の不安や悩み、ストレスを打ち明けている。しかし《管理者・上司への不満》があらわになった。

　訪問介護事業所における管理者に資格要件はない。さらに、多くの事業所の場合、管理者の配置は一人である。訪問介護事業所の多くは小規模なため、管理者＝経営者であるところも多い。そのため、管理者が介護の専門性に精通しているとは限らない。また、経営的にも潤っているところは少なく、管

理者自身も日常的に多くのタスクをこなしている可能性がある。

　こうした状況では、管理者によるサ責のフォローやバックアップはなし得ないことも容易に考えられる。

　しかし、綾部（2016：9）が「管理者との肯定的な関係であることは、サービス提供責任者が訪問看護や介護支援専門員といった他事業所とのチーム活動や連携の実践で課題が生じた際に共に対応方法を職場内で検討することが可能になる」と述べているように、サービス提供責任者と事業所の管理者との関係は、サ責の業務を条件づけ、メンタルヘルスによくも悪くも大きな影響を与える。

　さらに本研究では、さまざまなストレッサーが存在する労働環境において、サ責が自らそれらに対応する道を探っている様子もうかがうことができた。研修を受けに行ったり個々のヘルパーの性格を把握する努力をしたり、管理者やヘルパーとの信頼関係を築こうとしている。加えて、利用者やその家族、部下であるヘルパーとの良好な関係は、それまでのストレスからサ責のメンタルを救っていることも明らかとなった。

　須加（2016：21）も指摘しているが、サ責は業務の遂行過程そのものが仕事の満足感にもなり、またストレス要因ともなり得るという特殊な環境下におかれている。サ責にとっては利用者やその家族、部下であるヘルパーが、あるときにはストレッサーとなり、あるときにはストレス解消の一要因となる。つまりサ責の仕事の対象は、ストレッサーとメンタルヘルスケア要因が表裏一体となったものである。

　ここでも、介護職がストレス源と感じているのは介護の仕事内容そのものではなく、介護の仕事をどのように管理・運用・マネジメントするのかであるということが明らかになった。

　介護と近接領域である看護師の養成教育は、明治維新により日本の近代化が進展するなかで、主には従軍看護婦の養成から始まった。国の有事に際して新しい専門職が誕生する。

　介護労働者は日本の高齢化の進展とともに、寝たきり老人調査などから老人家庭奉仕員制度として始まり、現在のホームヘルパー（訪問介護員）に至る。

　当初、老人家庭奉仕員の養成教育システムはなかったが、森川ら（2015：

105）の先行研究によっても、素人集団（中高年の主婦が主）が家事援助や身体介護とともに相談援助としてソーシャルワークを展開していたことがうかがえる。その後ホームヘルパー採用時研修が整備され、さらに１～３級の教育課程が整備された。

　これらは介護福祉士の養成教育指定カリキュラムの参考とされ、３度のカリキュラム改定を経るが、介護福祉士養成教育指定カリキュラムからは福祉系の科目が縮小されてきた。その一方で看護師の養成教育カリキュラムには、福祉系の知識が多く組み込まれるようになってきている。

　介護保険の居宅介護サービスに訪問介護は現在も存在するが、家事援助は生活支援と名称を変え、独居を前提としたサービスと位置づけられている。そもそも介護は生活支援の一部であり、身体介護と家事行為は不可分で一連の生活行為である。そこに家政婦が行う家事と訪問介護員が行う家事援助（生活支援）の違いがある。

　この訪問介護員の職域では正社員雇用は少なく、サ責の要件該当者に職責が過重となっている。また訪問介護員は高年齢化が進み、新規に募集しても労働条件が合わず応募者が少ない。10年後に訪問介護員は存在するのか、大いに危惧されている。

　にもかかわらず平成29年度の介護労働安定センター「介護労働実態調査」では、介護労働者の職種に対する希望として、いまの職種で仕事を続けたい人は53.8％、いまの職種以外で希望する職種は訪問介護員が47.4％となっていて、訪問介護員を希望する割合はほかのどの職種よりも高い。

　今後は外国人介護労働者の採用が進むと見込まれるが、施設介護職と比較すると教育指導に時間や人手がかかる訪問介護の人材育成やその後の定着が懸念される。

　サ責が抱えるストレス研究については、須加の研究が参考になる。須加がサービス提供責任者158人に行った調査（須加2010、2016）では、サ責のストレッサーとしての仕事への葛藤や役割のあいまいさ、職場の人間関係などが「組織ストレッサー」として挙げられ、さらに家庭生活との葛藤など過重な仕事や困難な仕事を背景とするワーク・ライフ・バランスの不均衡をもたらす「職業性ストレッサー」などが存在することを明らかにしている。また、

主観的な負担感よりも身体的な症状のほうが表れ方が大きく、そのストレス反応の先にサ責を仕事とする自らの「適正と達成感」、そしてヘルパーや介護支援専門員との関係があることを指摘している。

　また須加は、サ責と利用者・ヘルパー・介護支援専門員の三者は、それぞれの相互関係において時に困難を示し、またサ責と三者それぞれの関係性が影響し合い「あちらを立てればこちらが立たない」などの矛盾をきたすこともあり、サ責にとってはそれがストレッサーになっていることも明らかにしている（須加2010：22、2012：334）。

　加えて、サ責の役割の特徴であるさまざまな調整業務の達成度が、職務満足感と精神的消耗感に強く直結することを明らかにしている（須加2016：31）。綾部は、サ責と他職種連携においては、相互の情報提供・情報把握が効率的な協働につながるとし、さらに、それらを背景にしたサ責と他職種との「良好な関係」が、利用者に対し円滑に支援を行える要因であることを突き止めている（綾部2015：25、2016：11）。

　サ責のストレッサーを低減させるための方策は、単に業務の縮小や業務を限定することだけではなく、また単に相談相手を確保することだけでもない。サ責の仕事の対象である利用者やその家族、部下であるヘルパー、そして関係職種者との関係が良好なものとなるよう働きかける、サポートとマネジメント能力を補充することにあると思われる。

　本章は鴻上圭太・松田美智子の共同執筆による「訪問介護事業所におけるサービス担当責任者の就業上のストレス要因の構造と対策」『天理大学社会福祉学研究室紀要』第19号、2017をもとに加筆修正したものである。

注
1）平成28年7月15日に厚生労働省は、当面高齢者人口が増加するなかで、2035年の保健医療システムを構築するために、①地域包括ケアシステムを深化させ質の高い地域医療の供給体制や医療介護人材の量的確保と質の向上、②データヘルス時代の保険者機能の強化、③ヘルスケア産業の推進、④グローバル視点の保健医療政策の推進を掲げている。
2）研修会資料の活用および学術誌への投稿・発表については当該団体からの承認を得ている。
3）介護保険法上の訪問介護事業所におけるサービス提供責任者の配置基準は、原則利用

者40名またはその端数を増すごとに1人以上おかなければならない（たとえば利用者41名～80名の場合は2名）。ただし、一定の条件を満たせば、利用者50名またはその端数を増すごとに1人以上の配置でもかまわない。

引用文献

綾部貴子（2015）「訪問介護事業所のサービス提供責任者によるチーム活動とチームメンバーに関する情報把握との関連」『神戸女学院大学論集』62（2）、16-25

綾部貴子（2016）「訪問介護事業所のサービス提供責任者による訪問看護や介護支援専門員とのチーム活動の実践とその関連要因―共分散構造分析による検討―」『神戸女学院大学論集』63（1）、4-11

堀田聡子（2010）「介護保険事業所（施設系）における介護職員のストレス軽減と雇用管理」『季刊社会保障研究』46（2）、150-163

介護労働安定センター（2008）「平成20年度サービス提供責任者実態調査」

介護労働安定センター（2018）『平成29年度「介護労働実態調査」』
http://www.kaigo-center.or.jp/report/

森川美絵（2015）『介護はいかにして「労働」となったのか―制度としての承認と評価のメカニズム―』ミネルヴァ書房

須加美明（2010）「訪問介護のサービス提供責任者のストレッサー尺度の開発―利用者・ケアマネ・ヘルパーの間を調整する役割葛藤―」『老年社会科学』32（1）、14-22

須加美明（2012）「訪問介護におけるサービス提供責任者の調整業務の評価尺度の開発―モニタリング機能とヘルパー指導機能の評価を中心として―」『老年社会科学』34（3）、325-334

須加美明（2016）「サービス提供責任者の調整業務と離職意向の因果モデル」『老年社会科学』38（1）、21-31

あとがき

　筆者らはここ数年の歳月をかけて、共同研究および議論を重ね、その都度、研究報告や論文執筆を行ってきた。その集大成が本書である。本書は、常に前向きで精力的な松田先生の行動力とリーダーシップの賜物である。また調査や表計算、図表の作成などに、北垣先生の工夫の成果が表れていると思う。私にとっては、天理大学での最後の仕事としてともに研究に携われたことに、心より感謝したい。

　さて、筆者らが本書において前提としているのは、「目の前にいるサービス利用者の抱える苦しみや生活上の諸困難や不自由などに対して、何とかしてあげたいと切望して、笑顔で日夜業務に奔走する感情労働者としての支援者。その支援者もまた、自分自身の感情を揺さぶられながらも、感情をうまくコントロールして意図的感情表出をしようとするあまり、疲弊していることが多い。したがって、支援者にも支援の手を差しのべられなければならない」という「支援者支援」の発想である。それは、ソーシャルワーカーにもケアワーカーにおいても然りである。

　この感情労働という概念は、社会福祉現場に携わる対人援助職者全般にあてはまるだろうと考えて、研究を始めたのが2015年のことである。それが出発点であり、この「支援者支援」をキーワードに、いくつかの助成金を得て、研究は本格的に進められた。折しも介護職の離職や離職防止が社会的問題となってきた時期である。

　上記の発想を逆に考えてみると、「感情労働であるがゆえに疲弊している支援者が、いま自分自身のおかれている過酷ともいえる状況を自ら振り返って、そのことに気づき、改善の方法を考え、跳ね返していく力を身につけ、余裕をもって再度支援にあたることができれば、それは利用者へのサービスの質の向上につながる」といえるだろう。

　そのことが、高齢者介護福祉現場における離職や転職の防止にもつながれ

ば、社会福祉現場にとって好ましいことこのうえもないであろう。したがって疲弊している支援者にとって役立つような「支援者支援ツールを開発したい」というのが、一連の本研究の動機であり目的であった。

　研究経過についても再確認しておきたい。まず、文献研究やインタビュー調査にもとづいて、高齢者福祉施設における感情労働の実態を明らかにした。その結果、「共感疲労」「レジリエンス」「共感満足（ワーク・エンゲージメント）」などのキーワードが出てきた。

　これらを念頭に、筆者らが作成した「共感疲労」「レジリエンス」の項目を用いて、協力を得た高齢者福祉施設の職員の調査とその検証を行い、より精度の高い評価項目を精選してセルフチェックシートを完成させることができた。したがって、当初の研究目的は達成されたといえるだろう。

　私たちはなぜ、支援者にとってこのようなセルフチェックシートが必要であるという考えに辿り着いたのか。

　共感疲労やストレスを軽減するために、専門職としての支援者は日頃から自己覚知に努め、スーパービジョンや研修の機会を定期的に得ることが求められる。しかしながらわが国の福祉現場では、スーパーバイザーや指導者を得ることは必ずしも容易ではない。システムとして支援者自身が自己の実践を振り返り、自分自身と利用者との間の感情の動きを客観視し、相手に寄り添う形での支援の方向性を明確に定めることも、時としてなされ難いのが現状である。

　そこで、本書で提示した自分自身で簡単にできるセルフチェックシートを、「支援者支援ツール」として現場で大いに活用してほしい、という考えに行き着いたのがことの経緯である。

　最後に今後の課題について言及する。わが国で「支援者支援」といった場合、職業としての支援者のことをさして用いられる場合が多い。本書でもそのような考えのもとに用いている。しかし、諸外国で支援者（ケアラー）といった場合には、いわゆる家族介護者も含む場合が多い。

　したがって、わが国においてもケアラーの概念を再考して、今後は職業と

しての介護福祉従事者に加えて家族介護者（family carers）や昨今取り上げられているヤングケアラーなどを標的に入れることも必要だろう。

　本書で提示した指標については、今後は家族介護者版のツール開発へ敷衍（ふえん）していける可能性を残している。また、共感疲労を伴う職種でありながらも職務満足へとつなげていくために、本書ではレジリエンスの概念を中心として説明しているが、ほかの要因が関与している可能性も考えられるため、さらに継続的な検証作業も必要である。

　以上のような課題を残しているとはいえ、高齢者介護福祉分野の対人援助職の人たちには、添付資料として掲載したチェックシートを用いて、現時点での自分のストレスや、それへの対処としてのレジリエンスの状況を確認してみていただきたい。こうした試みが、質の高い専門的ケアの提供につながり、利用者の尊厳を守るとともに、支援者自らのメンタルヘルスを適正に保つことができ、ストレス・マネジメントにつながるだろう。また、仕事へのモチベーションを高め、キャリア形成にも資することを信じて疑わない。

　関係形成がますます難しくなっている社会福祉の実践現場にあっては、何にも増して「支援者支援」を十分に行うことが、支援者の共感疲労からの解放と、支援そのものの見直しと改善、そして利用者の心からの満足につながることを確信している。

　末筆ながら、本書の執筆に際して多大なるご協力とお世話になったすべての方々に、衷心より御礼申し上げたい。

令和元年12月2日

南　彩子

参考文献

安部好法・大蔵雅夫・重本津多子（2011）「感情労働についての研究動向」『徳島文理大学研究紀要』82、101-106

青野桂子（2015）「ストレスを抱えてから立ち直る力（レジリエンス）を高めるには」『高齢者　安心・安全ケア：実践と記録』11/12月号、30-35

足利和子・谷口幸一（2014）「介護老人福祉施設の介護職の業務ストレスの実態とその対処法に関する研究」『ストレス科学』29(3)、318-322

独立行政法人 労働政策研究・研修機構（2011）「『職場におけるメンタルヘルスケア対策に関する調査』結果」(http://www.jil.go.jp/press/documents/20110623.pdfより入手)

Figley, C. R & Stamm, B. H. (1996) Psychometric Review of the Compassion Fatigue Self Test. (in Stamm,B,H.e.d. *Measurement of Stress, Trauma and Adaptation*. Sidran Press. 127-130)

Figley, C. R. (2002) *Treating Compassion Fatigue*. N. Y. Routledge.

藤野好美（2000）「社会福祉実践の本質についての一考察―感情労働としての社会福祉実践―」『同志社社会福祉学』(14)、110-121

藤岡孝志（2011）「共感疲労の観点に基づく援助者支援プログラムの構築に関する研究」『日本社会事業大学研究紀要』57、201-237

藤岡孝志（2012）「『共感疲労の最適化水準モデル』とファンクショニング概念の構築に関する研究」『日本社会事業大学研究紀要』58、171-220

藤原千恵子（2009）「看護に活用するレジリエンスの概念と研究」『看護研究』42(1)、2-52

福田正治（2009）「看護における共感と感情コミュニケーション」『富山大学看護学会誌』9(1)、1-13

古川和稔（2013）「感情労働とバーンアウトからみた障害者福祉施設に勤務する新任職員の現状―高齢者福祉施設に勤務する職員との比較―」『保育・教育・福祉研究』11、119-136

Hall, D. T. (1976) *Careers in Organizations*. Glenview, IL: Scott, Foresman.

羽根文（2006）「介護殺人・心中事件にみる家族介護の困難とジェンダー要因―介護者が夫・息子の事例から―」『家族社会学研究』18(1)、27-39

林潔（2010）「介護福祉士と感情労働、共感疲労」『教育研究』28、106-115

平井正三郎（2010）「ヒューマンサービスワーカーのメンタルヘルスと感情労働との関係について―教員と電話相談員のエコグラムからの考察を中心として―」『メンタルヘルスの社会学』16、16-25

広瀬美千代・岡田進一・白澤政和（2006）「家族介護者の介護に対する認知的介護評価に関連する要因―介護に対する肯定・否定両面からの検討―」『社会福祉学』47(3)、3-15

Hochschild, A. L. (1983) *The Maneged Heart:Commercialization of Human Feeling*. Univ. of California Press.（= 2000、石川准・室伏亜希訳『管理される心―感情が商品になるとき

―』世界思想社)
本田糸津華・小早川久美子 (2008)「共感満足・共感疲労の予防や回復の可能性について―中国・四国地方のDV支援者における実態調査から―」『心理教育相談センター年報』16、43-53
堀洋道監修／吉田富二雄編 (2001)『心理測定尺度集Ⅱ―人間と社会のつながりをとらえる〈対人関係・価値観〉―』サイエンス社
堀之内高久 (1998)『介護職のためのストレス対処法』中央法規
堀田聡子 (2008)『訪問介護員の定着・能力開発と雇用管理 東京大学社会学研究所人材ビジネス研究寄付研究部門研究シリーズNo.11』東京大学社会学研究所人材ビジネス研究寄付研究部門 (佐藤博樹・大木栄一・堀田聡子「在宅介護ヘルパーの能力開発と雇用管理に関する研究」プロジェクトチーム)
堀田聡子 (2010)「介護保険事業所 (施設系) における介護職員のストレス軽減と雇用管理」『季刊社会保障研究』46(2)、150-63
一瀬貴子 (2004)「『介護の意味』意識から見た、高齢配偶介護者の介護特性―高齢男性介護者と高齢女性介護者との比較」『関西福祉大学研究紀要』7、75-90
稲沢公一 (2015)『援助者が臨床に踏みとどまるとき―福祉の場での論理思考―』誠信書房
石井京子・牧洋子 (2010)「特別養護老人ホームで働く看取り介護を行うケアワーカーの精神的健康に影響する要因分析」『死の臨床』33(2)、298
石井京子 (2009)「レジリエンスの定義と研究動向」『看護研究』42(1)、3-14
伊藤亜記 (2014)『介護職が辞めない職場作り』秀和システム
岩井俊憲 (2016)『感情を整えるアドラーの教え』大和書房
金井篤子 (2006)「ワーク・ファミリー・コンフリクトの視点からのワーク・ライフ・バランス考察」『季刊家計経済研究』No.71、29-35
金井壽宏 (2002)『働くひとのためのキャリア・デザイン』PHP新書
片山はるみ・鈴江毅・一原由美子ほか (2009)「病院勤務看護師における感情労働の実態についての質問紙調査」『日本衛生学雑誌』64(2)、491
片山はるみ (2010)「感情労働としての看護労働が職業性ストレスに及ぼす影響」『日本衛生学雑誌』65(4)、524-529
片山由加里・小笠原知枝・辻ちえほか (2005)「看護師の感情労働測定尺度の開発」『日本看護科学会誌』25(2)、20-27
片山由加里・細田泰子 (2014)「実習指導看護師と学生の看護実践力に関連する感情労働」『日本医学看護学教育学会誌』23、1-6
川喜田二郎 (1967)『発想法』中央公論社
川喜田二郎 (1970)『続・発想法―KJ法の展開と応用―』中央公論社
川喜田二郎 (2002)「KJ法―1つの問題解決手法―」『ペトロテック』25(6)、462-465
川喜田二郎 (2005)「野外科学とKJ法―混沌をして語らしむ―」『作業療法』24(6)、544-548
川喜田二郎・松沢哲郎・やまだようこ (2003)「KJ法の原点と核心を語る―川喜田二郎さんインタビュー―」『質的心理学研究』2、6-28

川喜田喜美子（2006）「KJ法の思想―川喜田二郎と歩んだ半世紀―」『看護教育』47（1）、12-17
岸本裕紀子（2012）『感情労働シンドローム』PHP新書
北村世都・時田学・菊池真弓ほか（2006）「要介護者にみられる軽度のBPSDと家族介護者の主観的QOLの関連―BPSDの特徴は家族介護者のQOLを予測できるか―」『老年社会科学』27（4）、416-426
小村由香（2006）「感情労働としての生活保護ケースワーカー」『公的扶助研究』201、42-49
今洋子・菊池章夫（2007）「共感疲労関連尺度の作成」『岩手県立大学社会福祉学部紀要9（1/2）』23-29
Krumboltz, J.D.& Levin, A.S.（2004）Luck Is No Accident. Impact Publishers, Inc.（=2005、花田光世・大木紀子・宮地夕紀子訳『その幸運は偶然ではないんです！』ダイヤモンド社）
葛谷雅文（2016）「在宅医療の現状と課題」『Aging & Health』24（4）、12-19
三善勝代訳（2011）『キャリア・イノベーション［第2版］―私生活の充実が未来をひらく―』白桃書房
松田美智子・南彩子（2016）『感情労働としての社会福祉・介護福祉従事者のメンタルヘルス対策と支援―インタビュー調査結果の質的分析』天理大学
松田美智子・南彩子（2017）「高齢者福祉施設で従事する対人援助職者が共感疲労に陥らないためのサポートシステムの解明」『天理大学学報』68（1）、79-105
松岡英子（1994）「在宅老人介護者のストレスに対する資源の緩衝効果」『家族社会学研究』6、81-95
三上勇気・水渓雅子・永井邦芳（2010）「精神科看護者の感情労働と抑うつ、経験年数との関連および感情的知性、不合理な信念の影響」『日本看護医療学会雑誌』12（2）、14-25
南彩子（2015）「ソーシャルワークにおける共感疲労とレジリエンス」『天理大学社会福祉学研究室紀要』17、15-23
南彩子（2016）「ソーシャルワークにおける危機介入アプローチとレジリエンス」『天理大学社会福祉学研究室紀要』18、13-25
南山浩二（1995）「ケア提供者の負担の構造―在宅精神障害者を抱える家族の場合―」『家族社会学研究』7、81-92
宮内克代（2009）「訪問介護を支えるサービス提供責任者の専門性を構成する要因の検討」『信州短期大学紀要』20、27-35
水谷英夫（2013）『感情労働とは何か』信山社
三橋弘次（2006）「感情労働の再考察―介護職を一例として―」『ソシオロジ』51（1）、35-51
三橋弘次（2008）「感情労働で燃え尽きたのか？―感情労働とバーンアウトの連関を経験的に検証する―」『社会学評論』58（4）、576-592
三井さよ（2006）「看護職における感情労働」『大原社会問題研究所雑誌』567、14-26
三富紀敬（2007）「イギリスの社会保障と介護者」『静岡大学経済研究』11（4）、49-78
宮本真巳（2010）「援助職の感情活用―感情労働の再構築に向けて―」『こころの健康』25

(2)、9-22

水野高昌・鈴木久義・奥原孝幸ほか(2011)「臨床場面における対象者に対する作業療法士の感情労働」『作業療法』30(3)、273-283

水溪雅子・永井邦芳・三上勇気ほか(2011)「精神科に勤務する女性看護師の感情労働の特徴と抑うつ——一般診療科看護師との比較を通して—」『日本看護医療学会雑誌』13(2)、36-44

村本邦子(2011)「レジリエンスモデルによる支援者支援」『現代のエスプリ』524、107-116

村田久行(2010)『援助者の援助—支持的スーパービジョンの理論と実践—』川島書店

日本労働組合総連合会(2014)『要介護者を介護する人の意識と実態に関する調査報告書』

西平直(2013)『ケアと人間—心理・教育・宗教』ミネルヴァ書房

西川真規子(2006)「感情労働とその評価」『大原社会問題研究所雑誌』567、1-13

西浦功(2005)「ホームヘルパーのアイデンティティー構築の困難性—感情労働としての在宅介護」『人間福祉研究』(北海道浅井学園大学)8、43-54

野口裕二(2007)「感情労働とセラピー」『アディクションと家族』24(2)、96-98

糠谷和弘(2013)『あの介護施設にはなぜ人が集まるのか—サービスを感動に変える18の物語—』PHP研究所

糠谷和弘・斎藤直路(2015)『あの介護施設はなぜ、地域一番人気になったのか!!—「想い」と「経営力」で進化する17法人—』PHP研究所

布元義人・竹本与志人・長安つた子ほか(2010)「認知症高齢者における家族介護者の介護認識の変容に関する研究の動向」『日本認知症ケア学会誌』9(1)、103-111

岡田靖子(2011)「精神科高齢者病棟で働く看護師の思い」『日本赤十字看護大学紀要』25、22-31

小野寺敦志(2015)「介護職員の離職を考える—メンタルヘルスと人材育成の観点から—」『老年社会科学』37(3)、341-346

佐藤博樹・大木栄一・堀田聡子(2006)『ヘルパーの能力開発と雇用管理 職場定着と能力発揮に向けて』勁草書房

崎山治男(2006)「欲望喚起装置としての感情労働—感情労働の「再発見」に向けて—」『大原社会問題研究所雑誌』566、1-14

齊藤和貴・岡安孝弘(2010)「大学生用レジリエンス尺度の作成」『明治大学心理社会学研究』5、22-32

佐々木常夫(2017)『リーダーの教養』ポプラ社

佐藤博樹・矢島洋子(2016)『介護離職から社員を守る—ワーク・ライフ・バランスの新課題』労働調査会

佐藤英(2012)「ケアに関する倫理的考察—共感と共感疲労の観点から」『岩手大学大学院人文社会科学研究科研究紀要』21、1-24

柴田励司(2016)『入社1年目からの仕事の流儀』大和書房

Schein, E. H. (1978) *Career Dynamics: Matching Individual and Organizational Needs.* Addison Wesley.(=1991、二村敏子・三善勝代訳『キャリア・ダイナミクス』白桃書房)

関谷大輝・湯川進太郎 (2014)「感情労働尺度日本語版 (ELS-J) の作成」『感情心理学研究』21 (3)、169-180
関谷大輝 (2016)『あなたの仕事、感情労働ですよね?』花伝社
瀬籐乃理子・丸山総一郎 (2013)「バーンアウトと共感性疲労―対人援助スキルトレーニングの必要性」『産業ストレス研究』20、393-395
渋谷望 (2003)『魂の労働―ネオリベラリズムの権力論―』青土社
島崎謙治 (2015)『医療政策を問いなおす―国民皆保険の将来』ちくま新書
庄司順一 (2009)「リジリエンスについて」『人間福祉学研究』2 (1)、35-47
Smith. P. (1992) *The Emotional Labour of Nursing.* (= 2000、武井麻子・前田泰樹監訳『感情労働としての看護』ゆみる出版)
スミス・パム (2010)「感情労働としての看護―現状とこれから―」『日本赤十字看護大学紀要』24、150-170
損保ジャパン・ヘルスケアサービス「レジリエンス人材度測定ツール」(http://www.snhs.co.jp/news/docs/130304newsrelease.pdf)
菅原直美・坂田由美子・高田ゆり子 (2016)「家族介護者の介護評価と居宅サービス利用状況との関連―要介護4、5の要介護者の家族介護者を対象とした横断調査―」『老年社会科学』37 (4)、406-415
須加美明 (2007)「訪問介護のサービス提供責任者の業務におけるストレス要因の分析」『介護福祉学』14 (2)、143-150
須加美明 (2011)「訪問介護計画の有効感がもたらすサービス提供責任者のバーンアウト緩衝効果」『介護福祉学』18 (1)、30-37
鈴木和雄 (2006)「感情管理とサービス労働の統制」『大原社会問題研究所雑誌』566、15-28
鈴木亮子 (2006)「認知症患者の介護者の心理状態の移行と関係する要因について―心理的援助の視点からみた介護経験―」『老年社会科学』27 (4)、391-406
杉田郁代 (2010)「感情労働研究概観 (1) 対人援助職と教職」『環太平洋大学研究紀要』(3)、51-56
高橋幸裕 (2015)『介護職の職業的発展課題と専門能力』帝塚山大学出版会
武井麻子 (2001)『感情と看護―人とのかかわりを職業とすることの意味―』医学書院
武井麻子 (2006)『ひと相手の仕事はなぜ疲れるのか―感情労働の時代―』大和書房
武井麻子 (2008)「医療・看護・福祉と感情労働―職業としての『善意』をめぐって」『アディクションと家族』25 (3)、186-190
武井麻子 (2010)「感情労働者のセルフケアとサポート」『こころの健康』25 (2)、2-8
武井麻子 (2010)「精神科看護師の感情労働」『地域精神医学』52 (3)、196-198
武井麻子 (2011)「共感疲労という二次災害から看護師を守る」『精神看護』14 (3)、18-22
武井麻子 (2013)「医療現場のメンタルヘルス」『外来小児科』16 (4)、490-491
武井麻子 (2013)「感情労働としての介護」『介護福祉』90、65-73
武井麻子 (2013)「感情労働の視点からの反論:上野千鶴子著、『ケアの社会学―当事者主権の福祉社会へ』、太田出版、2011年」『保健医療社会学論集』24 (1)、51-61

武田英樹（2004）「介護サービス提供責任者の役割と資質」『介護福祉学』11（1）、24-35

田中博晃（2010）「KJ法入門：質的データ分析法としてKJ法を行う前に」『より良い外国語教育研究のための方法』（外国語教育メディア学会関西支部メソドロジー研究部会2010年度報告論集）、17-29

田中かず子（2005）「ケアワークの専門性―見えない労働『感情労働』を中心に―」『女性労働研究』47、58-71

田中共子・兵藤好美・田中宏二（2002）「高齢者の在宅介護者の認知的成長段階に関する一考察」『質的心理学研究』1、5-16

田中共子・兵藤好美・田中宏二（2002）「在宅介護者のソーシャルサポートネットワークの機能―家族・友人・近所・専門職に関する検討―」『社会心理学研究』18（1）、39-50

田上美千佳（2009）「『感情労働』としての看護とコミュニケーション」『Nursing College』2009年3月号、50-53

丹治和典（2006）「『感情労働』の視点から見た対人サービス業務の今日的課題」『札幌国際大学観光教育研究年報』5・6号、2-9

陶山啓子・河野保子（2002）「在宅高齢介護者の疲労感とその要因分析」『老年社会科学』24（1）、80-89

趙正祐（2014）「児童養護施設の援助者支援における共感満足・疲労に関する研究―CSFの高低による子どもとの関わり方の特徴から」『社会福祉学』55（1）、76-88

矢部真弓・東條光彦（2011）「中学校教員用感情労働尺度構成の試み」『健康心理学研究』24（1）、59-66

山上実紀（2012）「感情と労働―医師の感情に焦点をあてる意義」『日本プライマリ・ケア連合学会誌』35（4）、306-310

山口裕幸・金井篤子編（2007）『よくわかる産業・組織心理学』ミネルヴァ書房

山口裕幸・髙橋潔・芳賀繁ほか（2006）『経営とワークライフに生かそう！ 産業・組織心理学』有斐閣

山口麻衣（2006）「高齢者ケアの規範―扶養期待感とジェンダー規範の関連を中心に―」『老年社会科学』27（4）、407-415

山口真里（2004）「ストレングスに着目した支援過程研究の意味」『福祉社会研究』4・5号、97-114

山口豊子・福島正人・芝山江美子（2010）「要介護高齢者の在宅介護を支えるもの―家族介護者へのアンケートおよびインタビューより」『滋賀医科大学看護学ジャーナル』8（1）、55-60

山本伊都子・森岡由起子（2010）「看護師の感情労働におけるアレキシサイミアとソーシャル・サポートの影響」『北日本看護学会誌』12（2）、81-92

山中崇（2016）「在宅医療に関する研究の現状と展望」『Aging & Health』24（4）、20-23

柳沢志津子・白山靖彦（2014）「沖縄離島における介護従事者の感情労働特性」『老年社会科学』36（2）、213

吉田輝美（2011）「感情労働としての介護労働と労働環境の検討―武井麻子の文献にみる感

情労働を通して」『福祉図書文献研究』10、47-60
吉田輝美（2012）「居宅介護支援事業所における介護支援専門員の精神的ストレス支援体制に関する研究」『人間関係学研究』18(1)、1-10
吉田輝美（2013）「介護支援専門員と主任介護支援専門員の感情労働実態―介護支援専門員と主任介護支援専門員が利用者支援で感じる言葉による傷つき」『人間関係学研究』19(1)、37-45
吉田輝美（2014）『感情労働としての介護労働―介護サービス従事者の感情コントロール技術と精神的支援の方法』旬報社
吉岡隆（2009）『援助職援助論―援助職が「私」を語るということ―』明石書店
米村敬子（2009）「小児看護における看護師の共感疲労体験の分析」『日本応用心理学会大会発表論文集』76、18
横山信治（2016）『職場の理不尽に怒らず おだやかに働く技術』秀和システム
湯原悦子（2012）「キーワード③『介護うつ』『高齢者虐待』『介護殺人』―追い詰められる介護者の心理的・社会的背景―『介護者支援』の意識とシステムを」『訪問看護と介護』17(2)、124-129
結城美智子・飯田澄美子（1997）「在宅高齢者の続柄介護者における介護負担感と家族特性との関連」『聖路加看護学会誌』1(1)、57-66

〈職務ストレス・レジリエンスセルフチェックシート〉

共感疲労・職務ストレス自己チェックリスト

(1) 無力な自分に憂鬱になる。
(2) 援助者としてふさわしい態度をとろうとする。
(3) 利用者のストレスを自分のことのように感じる。
(4) 悲しさや辛さなどの否定的感情を装うことがある。
(5) よく眠れない。
(6) 仕事に対して意欲的になれない。
(7) 利用者の気持ちに共感的に振る舞おうとする。
(8) 利用者への対応が適切であったか気になる。
(9) 自分の気持ちに正直に振る舞えない。
(10) 疲れが取れない。
(11) 仕事から逃げたくなる。
(12) 場面にあった感情表出を行うよう意識している。
(13) 利用者の発言に傷ついた経験が頭から離れない。
(14) 喜びや親しさなどの肯定的感情を装うことがある。
(15) 食欲が無い。
(16) 人と接することに疲れる。
(17) 援助者としての仕事を最優先に考える。
(18) 利用者の態度に怖い思いをしたことがある。
(19) 利用者の期待を裏切らない感情を示す。
(20) 頭痛や吐き気に悩まされる。
(21) 援助職を続けることに不安がある。
(22) 利用者を多面的に理解することを心掛けている。
(23) 利用者の要望に応えられるか不安を感じる。
(24) 感情をコントロールするように意識している。
(25) 利用者と関わる中でトラウマが蘇ることがある。
(26) ストレスから立ち直れない。
(27) 自分の思いや考えを利用者に伝えようと努力する。
(28) 利用者と関わることに負担を感じる。
(29) 利用者の前で明るく振る舞うことがある。
(30) 思い出したくないようなことがある。

巻末資料

これらの項目について、日頃の自分の態度や行動にどの程度当てはまるかを考え、
かなりあてはまる　　⇒5点
ややあてはまる　　　⇒4点
どちらとも言えない　⇒3点
あまりあてはまらない⇒2点
あてはまらない　　　⇒1点　　を記入してください。

＊共感疲労回答欄（⇒鉛筆またはボールペンで、右方向へ記入して下さい）
＊自分の点数を<u>タテに合計</u>し、A〜Eの欄に合計点を記入し、その得点を以下のレーダーチャート上にも記入して注意レベルを確認してください。

(1)	(2)	(3)	(4)	(5)
(6)	(7)	(8)	(9)	(10)
(11)	(12)	(13)	(14)	(15)
(16)	(17)	(18)	(19)	(20)
(21)	(22)	(23)	(24)	(25)
(26)	(27)	(28)	(29)	(30)
A	B	C	D	E

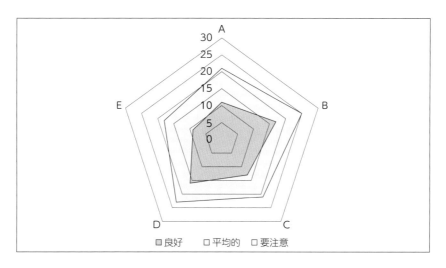

〈職務ストレス・レジリエンスセルフチェックシート〉

レジリエンス自己チェックリスト

(1) 困難な経験が自分を成長させてくれると思う。
(2) 何でも話せる家族がいる。
(3) 援助職という仕事に誇りがもてる。
(4) 支えてくれる上司がいる。
(5) 困ったことがあれば相談できる場がある。
(6) 逆境には前向きに挑戦できる。
(7) 信頼できる友人がいる。
(8) 自分の感情を適度にコントロールできる。
(9) チームで助け合うことができる。
(10) 問題が生じれば状況を分析できる。
(11) 失敗を次に活かすことができる。
(12) 適確な助言をくれる上司や同僚がいる
(13) ストレスの原因を分析し理解することができる。
(14) 仕事仲間との信頼関係がある。
(15) 困難を解決するための社会資源を知っている。
(16) 気持ちの切りかえは早い。
(17) 困ったときに頼りになる人が居る。
(18) 人に助けを求めることができる。
(19) 職場の雰囲気が良い。
(20) 常に新しい知識や技術を身につけようとする。
(21) 目標に向かって頑張れる。
(22) 自分のことを認めてくれる人がいる。
(23) ストレスを発散する方法をもっている。
(24) いつでも相談できる上司や先輩がいる。
(25) 多職種との連携は上手く行っている。
(26) 援助者として人と関わることが好きである。
(27) 仕事以外で楽しく雑談できる人がいる。
(28) 自分のことがよくわかっている。
(29) 職場内に自分が目標とする援助者がいる。
(30) 多職種からの励ましや支えがある。

巻末資料

これらの項目について、日頃の自分の態度や行動にどの程度当てはまるかを考え、
　　　　　　　かなりあてはまる　　　⇒5点
　　　　　　　ややあてはまる　　　　⇒4点
　　　　　　　どちらとも言えない　　⇒3点
　　　　　　　あまりあてはまらない　⇒2点
　　　　　　　あてはまらない　　　　⇒1点　　を記入してください。

＊レジリエンス回答欄（⇒鉛筆またはボールペンで、右方向へ記入して下さい）
＊自分の点数をタテに合計し、A～Eの欄に合計点を記入し、その得点を以下のレーダーチャート上にも記入して注意レベルを確認してください。

(1)	(2)	(3)	(4)	(5)
(6)	(7)	(8)	(9)	(10)
(11)	(12)	(13)	(14)	(15)
(16)	(17)	(18)	(19)	(20)
(21)	(22)	(23)	(24)	(25)
(26)	(27)	(28)	(29)	(30)
A	B	C	D	E

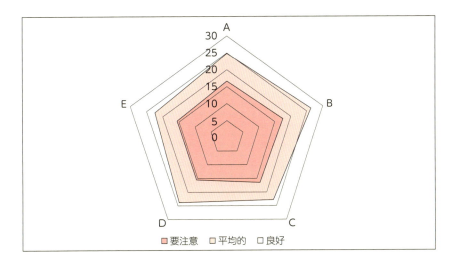

表1 共感疲労レベルの偏差値換算表

あなたの得点

	得点の範囲	6	7	8	9	10	11	12	13	14	15	16	17	18
精神的消耗感	(6〜30点)	30.0	31.9	33.8	35.8	37.7	39.6	41.5	43.5	45.4	47.3	49.3	51.2	53.1
援助者としての規範意識へのとらわれ	(6〜30点)	8.4	11.0	13.7	16.4	19.0	21.7	24.4	27.0	29.7	32.4	35.0	37.7	40.4
利用者との対応場面でのストレス	(6〜30点)	21.0	23.6	26.1	28.7	31.2	33.8	36.3	38.9	41.4	43.9	46.5	49.0	51.6
援助者としての感情管理	(6〜30点)	12.1	14.9	17.6	20.4	23.2	25.9	28.7	31.5	34.2	37.0	39.8	42.5	45.3
心身のストレス反応	(6〜30点)	32.2	34.4	36.5	38.6	40.8	42.9	45.1	47.2	49.3	51.5	53.6	55.8	57.9

	得点の範囲	19	20	21	22	23	24	25	26	27	28	29	30	
精神的消耗感	(6〜30点)	55.0	57.0	58.9	60.8	62.8	64.7	66.6	68.5	70.5	72.4	74.3	76.2	
援助者としての規範意識へのとらわれ	(6〜30点)	43.0	45.7	48.4	51.1	53.7	56.4	59.1	61.7	64.4	67.1	69.7	72.4	
利用者との対応場面でのストレス	(6〜30点)	54.1	56.7	59.2	61.7	64.3	66.8	69.4	71.9	74.5	77.0	79.5	82.1	
援助者としての感情管理	(6〜30点)	48.1	50.8	53.6	56.4	59.1	61.9	64.7	67.4	70.2	72.9	75.7	78.5	
心身のストレス反応	(6〜30点)	60.0	62.2	64.3	66.4	68.6	70.7	72.9	75.0	77.1	79.3	81.4	83.6	

偏差値0〜40	偏差値40〜60	偏差値60〜100
全体の16%	全体の68%	全体の16%

表2 レジリエンスレベルの偏差値換算表

あなたの得点

	得点の範囲	6	7	8	9	10	11	12	13	14	15	16	17	18
前向きな気持ちへの切りかえ	(6〜30点)	9.7	12.3	14.8	17.4	20.0	22.6	25.1	27.7	30.3	32.9	35.4	38.0	40.6
人的サポート	(6〜30点)	9.1	11.5	13.9	16.3	18.7	21.1	23.5	25.9	28.3	30.7	33.1	35.5	37.9
自己肯定感	(6〜30点)	8.5	11.2	13.9	16.7	19.4	22.1	24.9	27.6	30.3	33.0	35.8	38.5	41.2
職場のサポート	(6〜30点)	17.7	19.9	22.1	24.4	26.6	28.8	31.0	33.2	35.5	37.7	39.9	42.1	44.4
困難への対処法	(6〜30点)	11.9	14.6	17.4	20.1	22.8	25.6	28.3	31.1	33.8	36.5	39.3	42.0	44.8

	得点の範囲	19	20	21	22	23	24	25	26	27	28	29	30
前向きな気持ちへの切りかえ	(6〜30点)	43.2	45.7	48.3	50.9	53.5	56.0	58.6	61.2	63.8	66.3	68.9	71.5
人的サポート	(6〜30点)	40.3	42.7	45.1	47.5	49.9	52.3	54.7	57.1	59.5	61.9	64.3	66.7
自己肯定感	(6〜30点)	44.0	46.7	49.4	52.2	54.9	57.6	60.4	63.1	65.8	68.5	71.3	74.0
職場のサポート	(6〜30点)	46.6	48.8	51.0	53.2	55.5	57.7	59.9	62.1	64.4	66.6	68.8	71.0
困難への対処法	(6〜30点)	47.5	50.2	53.0	55.7	58.4	61.2	63.9	66.7	69.4	72.1	74.9	77.6

偏差値0〜40	偏差値40〜60	偏差値60〜100
全体の16%	全体の68%	全体の16%

関谷大輝 (2016)「あなたの仕事、感情労働ですよね?」花伝社 p.12表 参考に作成

著者紹介

松田美智子（まつだ みちこ）
天理大学人間学部総合教育研究センター教授（教育学）。約30年にわたって看護師・社会福祉士・介護福祉士・精神保健福祉士養成校等にたずさわる。現在の研究テーマは「支援者支援」、共編著に「原輪を介護のコツ」「介護実践オムニバス」（同、2012年）、『介護実践オムニバスⅡ』（同、2015年）、『介護職員・介護職員が最強ハンドブック』（久美出版、2010年）ほか。

南 彩子（みなみ あやこ）
元天理大学人間学部総合教育研究センター教授（総合政策）。共著に『ソーシャルワーク専門職養成自己評価』（相川書房、2004年）、『医療における「ソーシャルワーク」の展開』（相川書房、2001年）、『介護現場等への招待』（クリエイツかもがわ、2015年）ほか。共訳書に『チームネットワークと社会福祉』（ミネルヴァ書房、1997年）ほか。

北垣智基（きたがき ともき）
天理大学人間学部総合教育研究科准教授。修士（社会学）。共編著に『未来につなぐ〈継承・介護実践〉』（クリエイツかもがわ、2014年）、『介護現場等への招待』（クリエイツかもがわ、2015年）ほか。

装丁：菅田 亮
鋪装・組版：小国文男

脳卒中・神経難病在宅事例のリハマネジメント
介護保険の観点にもとづく対人援助職の機能的自立エキスパート形成

2019年12月31日　初版発行

著　者●ⓒ松田美智子・南　彩子・北垣智基
発行者●田島英二
発行所●株式会社 クリエイツかもがわ
〒601-8382　京都市南区吉祥院石原上川原町21
電話 075(661)5741　FAX 075(693)6605
URL http://www.creates-k.co.jp
info@creates-k.co.jp
郵便振替　00990-7-150584
ISBN978-4-86342-283-4 C0036

本書の内容の一部あるいは全部を無断で複写（コピー）・複製することは、
著作者の権利を侵害し、著作者・出版社の権利の侵害になります。

介護福祉関連本

認知症機能障害がある人の支援ハンドブック
当事者の自己決定を支える技法
ジェーン・キャッシュ＆ベアトリス・アレイン／原著　訓覇法子／訳

認知症のある人からきこえてくる障害者、自閉症スペクトラム、初期認知症などは、耳をひたむけ、支援を図ることは認知症機能障害者を本人を支え、当事者が地域の資源、認知症機能障害に基づく生活を営むことでケアと支援を提供する。 2200円

認知症のひとのパーソンセンタードケア
新しいケアの文化へ
トム・キッドウッド／著　高橋誠一／訳

認知症の自己を徹底的に検証し、「その人らしさ」を尊重するケアと家族を護理的に明らか... 2600円

認知症の人に寄り添う在宅医療
精神科医による新たな取り組み
平原佐斗司／編著　岩田和彦／編

認知症医療は、在宅医療という新たな可能性とは？　精神科医や認知症専門医が医療家を築か... 2200円

認知症ケアのための家族支援
臨床心理士の役割と多職種連携
小海宏之・若松直樹／編著

援助、看護、心理職を含む多様な専門職による支援を提案する。「認知症になりにくい心づもり」...医師、看護師、保健師、家族...家族を人間関係の中に取り込む多職種連携ケアを考える。 1800円

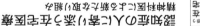

認知症になってもひとりで暮らせる
みんなでつくる「地域包括ケア社会」
社会福祉法人 協同福祉会／編

医療から介護まで、施設から在宅への流れが加速する中、これからの地域包括ケア（在宅、施設から在宅）と医療連携こそが、当事者に、家族や医療、看護、介護、サービス、ボランティアがなどが連携しつつ地域住民への取り組みから生み出される「あおいけあ」方式（奈良）の実践。 1200円

認知症ケアこれならできる50のヒント
家族のケアリング「その他わずか」の教え方と対策を〈解説〉
藤本直規・奥村典子／著

家族のケアリング「春夏」「排泄」「入浴」をテーマにして、現場で熟練するヒント50ヒントを紹介。（認知症サポート医／藤本医院院長） 2000円

介護施設サポート概論
地域包括ケアの構築に向けて
和田英子・北原真由美／著　北本多喜子／監修

関節点から職域看護、問題点にして、今後の介護提供のあり方を探ります！ 他業者の経験を活かし、医療現場や医療連携の中における介護現場やAYにての医療報告の整理などの着眼点から、介護現場で人員不足の著しい現状や、看護職の役割拡大がどうすれば「看護・介護現場に役立つテキスト！ 2200円

http://www.creates-k.co.jp/